Análise
sintática
APLICADA

CIP-BRASIL. CATALOGAÇÃO NA FONTE
SINDICATO NACIONAL DOS EDITORES DE LIVROS, RJ

C129a   Cadore, Luiz A. (Luiz Agostinho)
            Análise sintática aplicada : fundamentos de concordância, regência, crase, colocação, pontuação e significado / Cadore e Ledur. 8. ed. – Porto Alegre, RS : AGE, 2025.

            Apêndice
            Inclui bibliografia
            16x23cm. ; 168p.
            ISBN 978-65-5863-068-5
            ISBN E-BOOK 978-85-8343-124-4

            1. Língua portuguesa – Sintaxe. I. Ledur, Paulo Flávio, 1946-. II. Título.

        10-0949.   CDD: 469.5
                                 CDU: 811.134.3'36

Luiz Agostinho Cadore
Paulo Flávio Ledur

Análise sintática
APLICADA

Fundamentos de concordância, regência, crase, colocação, pontuação e significado

8.ª edição

Editora AGE

PORTO ALEGRE, 2025

© Luiz Agostinho Cadore e Paulo Flávio Ledur, 2010

Capa:
Marco Cena

Supervisão editorial:
Paulo Flávio Ledur

Editoração eletrônica:
Ledur Serviços Editoriais Ltda.

Reservados todos os direitos de publicação à
LEDUR SERVIÇOS EDITORIAIS LTDA.
editoraage@editoraage.com.br
Rua Valparaíso, 285 – Bairro Jardim Botânico
90690-300 – Porto Alegre, RS, Brasil
Fone: (51) 3223-9385 | Whats: (51) 99151-0311
vendas@editoraage.com.br
www.editoraage.com.br

Impresso no Brasil / Printed in Brazil

Introdução

Aprender sem pensar é inútil; pensar sem aprender, perigoso.
(Confúcio)

Este livro é resultado de uma reflexão a dois sobre o estudo e o ensino da sintaxe que vem sendo ministrado entre nós. Concluímos que, em regra, a análise sintática é ensinada como se fosse um fim em si mesma, como se nada tivesse a ver com a concordância, a regência, a crase, a colocação do pronome oblíquo e, sobretudo, com a pontuação. Estuda-se análise sintática pela simples análise sintática, e não em função da sintaxe. Um estudo assim, que não vislumbra qualquer aplicação prática, é certo, torna-se enfadonho e não alcança seus verdadeiros e importantes objetivos.

A análise sintática, pois, não é atividade-fim, mas, sim, atividade-meio. Em outras palavras, seu estudo só se justifica se voltado à aplicação em todo o campo da sintaxe e, mais importante, do significado, fim único e último do uso das línguas.

Outra conclusão a que chegamos é o fato de se utilizar em seu estudo mais a memória do que a inteligência, quando deveria ser o contrário. A sintaxe é, sem dúvida, o campo mais dinâmico da gramática, pois mexe com as relações entre as palavras e sua repercussão na estrutura e no significado da frase, transferindo, em muitos casos, a maior carga do significado do texto para o contexto. Portanto, trata-se de um estudo sistematizado em que predominam o raciocínio lógico-dedutivo e a atenção permanente, em detrimento da memória, que deve servir tão somente como mero coadjuvante.

Com base nessas conclusões, oferecemos uma minuciosa exposição, permanentemente aplicada aos diversos ramos da sintaxe, na tentativa de fazer com que o estudioso da gramática alcance o verdadeiro entendimento, pelo raciocínio lógico-dedutivo, das regras de pontuação, concordância, regência, crase e colocação do pronome oblíquo, cuja razão e essência se fundamentam nessa análise.

O exemplo mais evidente disso está na abordagem do sujeito, onde se encontra a regra geral da concordância verbal: *o verbo sempre concorda com seu sujeito*. Logo, de nada adianta estudar as regras de concordância verbal sem antes identificar o tipo de sujeito da oração. Assim, já estamos fazendo análise sintática. Pela lógica, deduzimos ainda dessa regra que, não havendo sujeito na oração, ou sendo ele indeterminado, o verbo não tem com quem concordar, razão pela qual permanece na forma impessoal, ou seja, na *terceira pessoa do singular*.

Outro exemplo evidente disso encontra-se invariavelmente na pontuação, que, de modo geral, marca o final da estrutura, o tipo de frase usada (exclamativa, interrogativa ou afirmativa) e as alterações e interferências na estrutura primária e regular da língua. Nos demais aspectos da sintaxe não é diferente, pois todos são sempre dependentes de uma boa análise da estrutura frasal, isto é, da análise sintática.

Em resumo, o conhecimento da análise sintática é indispensável para o domínio da estrutura frasal e do seu significado, levando o estudioso a interpretar melhor o que lê e, por consequência, a se expressar com mais correção e conteúdo nos textos que vier a produzir. É certo que isso representa um grande esforço, mas o seu benefício é imensamente maior que o custo, em especial quando se alcança o automatismo desse domínio.

Por evidente, levamos em conta neste trabalho o fato de que o estudo da língua não segue métodos puramente científicos, pois, na busca permanente da otimização do significado, o usuário inova e cria brechas nas regras, que constituem particularidades presentes em todos os tópicos da sintaxe.

Assim, no decorrer do estudo da análise sintática, sempre que encontramos a justificativa das regras que orientam os diversos aspectos da sintaxe, introduzimos sua "aplicação prática", bem como as particularidades que a cercam.

Em suma, esperamos contribuir com aqueles que desejam revisar a análise sintática, para estudo pessoal ou para satisfazer as exigências dos conteúdos em faculdades, concursos e vestibulares, em todo o território nacional.

Por fim, os numerosos exercícios apresentados depois de cada parte estudada e, no final, os diversos testes foram elaborados e selecionados para que todos possam fixar realmente os conteúdos, nem sempre fáceis de assimilar.

Agradecemos, desde já, as sugestões e críticas dos colegas professores e demais estudiosos. Elas são absolutamente necessárias ao aprimoramento no processo de ensino-aprendizagem do nosso idioma.

Os autores

Sumário

1.ª parte
NOÇÕES PRELIMINARES, 13

Análise sintática, 13 – Finalidades, 13 – Tipos de análise, 14 – Palavra, frase, oração e período, 15 – Termo da oração, 17 – Núcleo do termo da oração, 18 – Ordem direta / indireta, 19 – Funções das classes de palavras, 20 – Classes essenciais, 20 – Classes a serviço do substantivo, 21 – Classes com função de conexão, 22 – Classes especiais, 22

2.ª parte
DOS TERMOS DA ORAÇÃO, 23

Termos da oração (quadro sinótico), 24 – TERMOS ESSENCIAIS, 23 – Sujeito X Predicado, 23 – SUJEITO, 25 – Modo prático para identificar o sujeito, 25 – Treinamento imediato, 25 – Constituição do sujeito, 26 – Classificação do sujeito, 27 – APLICAÇÃO PRÁTICA: Concordância verbal, 30 – Exercícios de fixação, 31 – PREDICADO, 34 – Classificação do predicado, 35 – Treinamento imediato, 37 – TERMOS INTEGRANTES, 37 – Tipos de complementos, 38 – Predicação verbal, 38 – Transitividade dos verbos, 39 – Transitivos diretos, 39 – Transitivos indiretos, 39 – Transitivos diretos e indiretos, 39 – Objeto direto preposicionado, 40 – Objeto direto e objeto indireto pleonásticos, 41 – Modo prático de identificar os objetos direto e indireto, 42 – Verbos de ligação, 42 – Treinamento imediato, 43 – Funções sintáticas dos pronomes pessoais átonos da 3.ª pessoa, 44 – Treinamento imediato, 45 – Funções sintáticas dos oblíquos *me, te, se, nos* e *vos*, 46 – Exercícios de fixação, 48 – Complemento nominal, 49 – Complemento nominal x Objeto indireto, 51 – APLICAÇÃO PRÁTICA: Regência e crase, 51 – Exercícios de fixação, 52 – Agente da passiva, 54 – Agente da passiva x Objeto indireto, 56 – Exercícios de fixação, 56 – Predicativos, 57 – Predicativo no predicado nominal, 58 – Constituição do predicativo, 59 – Predicativo no predicado verbo-nominal, 60 – Predicativo do sujeito, 60 – Predicativo do objeto, 60 – Exercícios de fixação, 61. TERMOS ACESSÓRIOS, 63 – Adjunto adverbial, 63 – Constituição do adjunto adverbial, 63 – Classificação dos adjuntos adverbiais, 64 – Adjunto adverbial x objeto indireto, 65 – APLICAÇÃO PRÁTICA: Pontuação (1) e crase (2), 66 – Exercícios de fixação, 67 – Adjunto adnominal, 68 – Constituição do adjunto adnominal, 68 – Adjunto adnominal x Complemento nominal, 69 – APLICAÇÃO PRÁTICA: Concordância nominal, 70 – Exercícios de fixação, 71 – Aposto, 72 – Tipos de aposto, 72 – APLICAÇÃO PRÁTICA: Pontuação (2), 73 – Termo independente: Vocativo, 74 – Aposto x Vocativo, 74 – APLICAÇÃO PRÁTICA: Pontuação (3), 75 – Exercícios de fixação, 76.

3.ª parte
DO PERÍODO E SUAS ORAÇÕES, 78

Período simples e período composto, 78 – Classificação das orações (quadro sinótico), 79 – Oração absoluta, 80 – Como distinguir coordenação de subordinação?, 80 – Período composto por coordenação, 80 – Orações coordenadas sindéticas e assindéticas, 81 – Conjunções coordenativas e orações coordenadas sindéticas, 81 – APLICAÇÃO PRÁTICA: Pontuação (4), 83 – Modo prático de separar as orações de um período, 84 – Exercícios de fixação, 85 – Período composto por subordinação, 87 – Oração principal e subordinada, 87 – Classificação das orações subordinadas, 88 – Orações subordinadas substantivas, 88 – Modo prático de identificar a oração substantiva, 91 – Oração predicativa X Oração subjetiva, 92 – Exercícios de fixação, 93 – Orações subordinadas adjetivas, 95 – Classificação das subordinadas adjetivas, 95 – Como distinguir a oração adjetiva da substantiva, 97 – APLICAÇÃO PRÁTICA: Pontuação (5), 98 – Exercícios de fixação, 99 – Orações subordinadas adverbiais, 100 – Distinção entre oração subordinada causal e oração coordenada sindética explicativa, 101 – APLICAÇÃO PRÁTICA: Pontuação (6), 103 – Exercício de fixação, 104 – Orações subordinadas reduzidas, 105 – APLICAÇÃO PRÁTICA: Pontuação (7), 106 – Exercícios de fixação, 106.

4.ª parte
APLICAÇÃO PRÁTICA (casos particulares), 109

Concordância verbal, 109 – Concordância nominal, 113 – Pontuação, 115 – Crase, 118 – Colocação do pronome oblíquo, 120.

5.ª parte
SUPLEMENTOS, 123

Modelos de análise sintática, 123 – Análise interna: termos da oração, 123 – Análise externa: orações do período, 123

TESTES DE REVISÃO, 125 – Análise sintática, 125 – Concordância verbal, 130 – Concordância nominal, 133 – Regência e crase, 135 – Pontuação, 138 – Colocação do pronome oblíquo, 141

Respostas dos treinamentos imediatos e dos exercícios de fixação, 143 – Gabarito dos testes de revisão, 166
Bibliografia, 167

1.ª parte
Noções preliminares

> *Os grandes mestres nos ensinam a arte da língua; a análise sintática nos ensinará o rigor lógico e a correção do fraseado.*
>
> (Celso Pedro Luft)

ANÁLISE SINTÁTICA

Sintaxe é o estudo das relações entre os elementos que constituem a estrutura de uma frase. Este campo da gramática tem relação direta com o significado, assumindo, por isso, especial importância no estudo das línguas. O melhor exemplo está na sequência das palavras na frase: Apesar de estarem em uso as mesmas palavras, as expressões *mulher grande* e *grande mulher* não têm o mesmo significado. Bastou inverter a ordem dos termos para resultarem em significados completamente diferentes.

Portanto, o domínio da estrutura frasal (sintaxe) é essencial para a obtenção do significado pretendido. Esse domínio se alcança pelo estudo sistemático da **análise sintática**. *Análise* (do gr. *analysis*) significa ato ou efeito de dividir, separar um todo em suas partes para que ele seja mais facilmente compreendido. A análise sintática, então, é a parte da gramática que descreve a estrutura do período e da oração, decompõe o período em suas orações, e cada oração em seus termos, indicando-lhes as respectivas funções sintáticas.

Finalidades

A análise sintática não é um fim em si mesma. Também não é uma discussão filosófica e teórica em torno da linguagem. Ela é, acima de tudo, um *instrumento metódico e prático* para elucidar e perceber as relações existentes entre os membros ou termos de uma oração, ou de uma oração em relação a outra(s) no período.

Por conseguinte, ao fazermos a análise sintática, nossas ideias tornam-se mais claras, porque evidenciamos as relações existentes entre os membros da frase. Com ela, certamente podemos fundamentar racionalmente uma concordância duvidosa, uma regência inusitada, uma pontuação obrigatória ou facultativa, etc. Ela serve ainda para verificar a construção adequada da frase, como também para constatar seus pontos fracos ou sua estrutura mal construída. Esse estudo gramatical específico evita toda e qualquer decoreba, possibilitando-nos uma argumentação racional, coerente, persuasiva.

A *fonologia*, que estuda os sons ou os fonemas, e a *morfologia*, que estuda basicamente as classes de palavras, são partes importantes da gramática. Mas sua análise e aprofundamento cabem principalmente aos cientistas da língua. A *sintaxe*, porém, que abrange a análise sintática, é a parte da gramática que todos precisamos dominar, pois ela analisa as relações que as palavras contraem na frase. E a frase é a base de toda a comunicação linguística. Um exímio linguista francês escreveu que "é no discurso atualizado em frases que a língua se forma e se configura. Aí começa a linguagem. Poder-se-ia dizer, decalcando uma fórmula clássica, que nada existe na língua que não tenha existido primeiro na oração." (Benveniste)

É por isso que, depois de desenvolver cada parte importante da análise, destacaremos, em item especial, sua *aplicação prática*, justificando assim casos de concordância, regência, colocação, pontuação, etc. Este detalhe, talvez, constitua o diferencial mais característico deste livro.

Tipos de análise

Na língua portuguesa, podemos fazer vários tipos de análise. Na *morfologia*, por exemplo, ao estudar as classes gramaticais, damos *nomes* às palavras: substantivo, adjetivo, artigo, numeral, pronome, verbo, advérbio, preposição, conjunção e interjeição. Na biologia, o cientista também *nomeia* os seres, dividindo-os em classes, para melhor estudá-los. Na língua, igualmente classificamos as palavras para melhor entendê-las.

Por outro lado, na *sintaxe*, estudamos a língua detendo-nos mais nas *funções* que as palavras exercem na estrutura da oração: sujeito, predicado, objeto, adjunto, etc.

Para compreendermos melhor, comparemos as palavras com as pessoas, que, além de terem um *nome* (Paulo, Pedro, Maria, Angélica...), têm também uma *função* a desempenhar dentro da sociedade (estudante, professor, empresária, médica...).

Daí a existência de dois tipos de análise, distintos e correlatos, praticados por qualquer estudioso da língua:

Análise morfológica	Análise sintática
Substantivo	Sujeito
Adjetivo	Predicado
Artigo	Objeto direto
Pronome	Objeto indireto
Numeral	Complemento nominal
Verbo	Agente da passiva
Advérbio	Predicativo do sujeito
Preposição	Predicativo do objeto
Conjunção	Adjunto adnominal
Interjeição	Adjunto adverbial
	Aposto
	Vocativo

PALAVRA, FRASE, ORAÇÃO E PERÍODO

Como dissemos acima, toda comunicação verbal (oral e escrita) tem sua expressão básica na *frase,* que, por sua vez, se compõe de uma ou mais *palavras.*

Exemplos: "Silêncio! Fogo!"
"Cada fase do crescimento humano tem suas características."

Na pintura, o elemento primordial do processo comunicativo é a cor; na escultura, a forma; na música, o som; na dança, o movimento, etc. Assim, cada arte se expressa basicamente por meio de um elemento fundamental, chamado *objeto formal.* Na linguagem, o objeto formal é a palavra. Daí a importância da PALAVRA.

Qualquer texto impresso, por exemplo, é uma urdidura, uma tessitura ou uma contextura de palavras. Contudo, as palavras empregadas pelo falante e/ou escrevente devem ser selecionadas e ordenadas para formar adequadamente o sentido de cada frase. Sem a seleção e a ordenação das palavras não haverá comunicação eficiente entre o emissor e o receptor. Basta observarmos este conjunto de palavras:

"sem/ ser/ um/ língua/ não/ humano/ é/ propriamente/ ser/ um." É uma seleção de palavras da nossa língua, mas, sem a sua devida ordenação, forma uma *não frase*. Fazendo a ordenação dessas palavras, teremos uma *frase*, com seu sentido completo:

"Um ser sem língua não é propriamente um ser humano." (B. Malmberg)

O que vem a ser, então, FRASE? Na definição de Celso Pedro Luft, "frase é a menor unidade autônoma da comunicação".

O esquema abaixo poderá nos ajudar na distinção de *palavra, frase, oração* e *período*. Mais adiante, explicitaremos as noções de *termo da oração, núcleo de um termo e funções das classes de palavras*, encerrando assim as noções preliminares necessárias para iniciar propriamente o estudo completo da análise sintática.

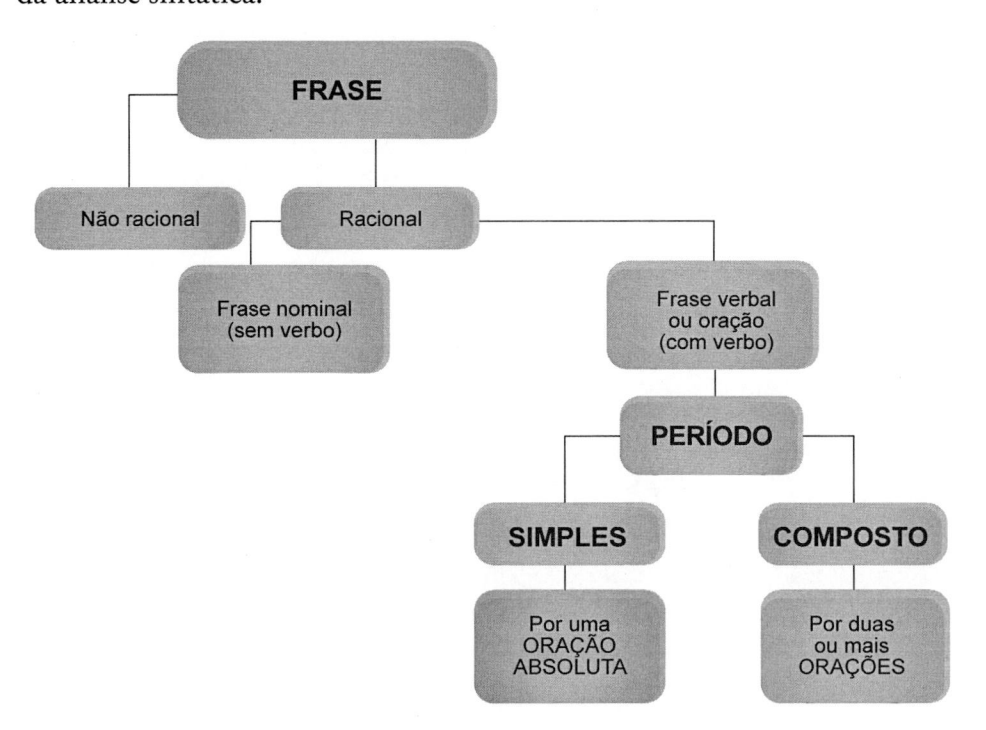

```
                    FRASE
                   /     \
         Não racional    Racional
                         /       \
              Frase nominal    Frase verbal
              (sem verbo)      ou oração
                               (com verbo)
                                   |
                                PERÍODO
                                /      \
                          SIMPLES    COMPOSTO
                             |           |
                         Por uma      Por duas
                         ORAÇÃO       ou mais
                         ABSOLUTA     ORAÇÕES
```

A frase *não racional* é também chamada de *interjetiva*. Ela exprime estados súbitos da alma, emoções repentinas, apelos e ideias não racionalmente estruturadas. Assim, por exemplo: Oh! Ai! Ufa! Cruz credo! Tais frases interjetivas são frutos da emoção, da dor, do cansaço, etc. e são pronunciadas com uma entonação especial.

A *frase racional*, porém, tem uma estruturação bem definida: ela é o resultado de uma elaboração racional. Se ela vier enunciada *sem verbo*, será uma *frase nominal*; se vier enunciada *com verbo*, passará a ser uma *frase verbal* ou *oração*.

Assim: (1) Vitória estrondosa da Seleção! (frase nominal)
(2) Nenhum homem *é* uma ilha. (frase verbal ou oração)

Como vemos, a frase 2 é uma oração linguisticamente estruturada, cujos elementos podem ser analisados sintaticamente em termos *essenciais*, *integrantes* e *acessórios*.

Mas a oração, ao ser analisada, passa a chamar-se de *período*, que, por sua vez, pode ser SIMPLES (formado de uma única oração – oração absoluta) ou COMPOSTO (formado de duas ou mais orações).

A lua cheia *iluminava* a noite. (período simples)

A lua cheia *iluminava* a noite, enquanto o meu barco atravessava a Lagoa dos Patos. (período composto)

Quando o período for COMPOSTO, ele poderá ser:

1. Composto por coordenação, quando as orações que o constituem forem todas **coordenadas**. Ex.: "O sábio *cala*, o mediano *fala*, o ignorante *grita*." (prov. árabe)

2. Composto por subordinação, quando, com exceção da principal, todas as demais orações forem **subordinadas**.

Ex.: *Cultivo* o entusiasmo, porque o trabalho *rende* mais.

3. Composto por coordenação e subordinação, quando encerra orações **coordenadas** e **subordinadas**. Trata-se, pois, de um período misto.

Ex.: "Minha terra tem palmeiras, *onde canta o sabiá*; as aves *que aqui gorjeiam* não gorjeiam *como lá [gorjeiam]*." (G. Dias). As orações grifadas são *subordinadas*; as demais, *coordenadas*.

TERMO DA ORAÇÃO

Termo é a palavra ou conjunto de palavras considerado como parte funcional da oração. Os termos, então, formam as *unidades sintáticas* da oração e podem ser essenciais, integrantes ou acessórios. Os termos *essenciais* são os fundamentos da estrutura oracional (sujeito e predicado); os termos *integrantes* completam e integram o sentido (complementos); os termos *acessórios* anexam dados secundários aos nomes e aos verbos (adjuntos). Vejamos um exemplo:

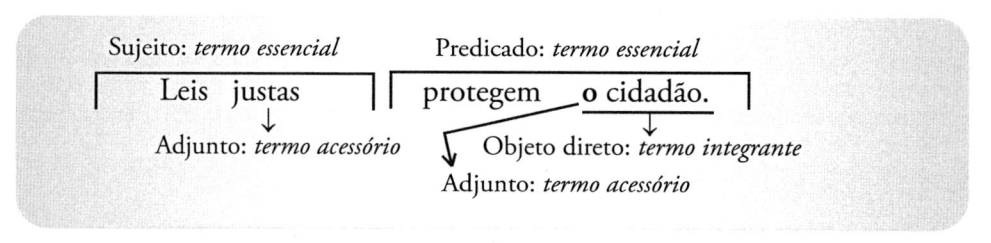

```
        Sujeito: termo essencial         Predicado: termo essencial
          Leis justas                      protegem  o cidadão.
               ↓                                       ↓
        Adjunto: termo acessório        Objeto direto: termo integrante
                                         Adjunto: termo acessório
```

NÚCLEO DO TERMO DA ORAÇÃO

Para bem compreender o que seja *núcleo de um termo*, observemos esta análise da oração:

> O **terremoto** haitiano/ **arrasou**/ completamente/ a pobre **capital**.

– Sujeito: O terremoto haitiano; núcleo: terremoto.
– Predicado: arrasou completamente a pobre capital; núcleo: arrasou.
– Complemento verbal: a pobre capital; núcleo: capital.
– Adjunto adverbial: completamente; núcleo: completamente.

Conclusão: núcleo do termo da oração é a palavra central de cada função, ao redor do qual pode haver outras palavras que a ela se anexam ou subordinam.

É muito importante ter a noção exata do que seja NÚCLEO em análise sintática. Visualizemos os núcleos no exemplo seguinte:

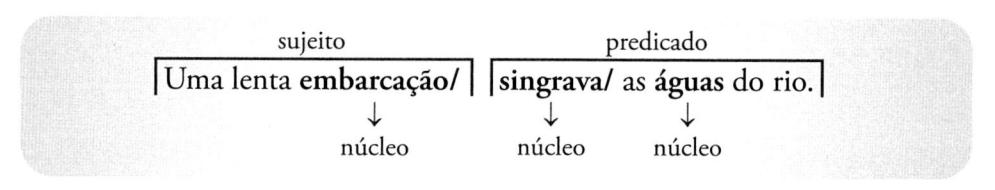

```
              sujeito                    predicado
       Uma lenta embarcação/      singrava/ as águas do rio.
                ↓                    ↓         ↓
              núcleo               núcleo    núcleo
```

O sujeito da oração é *uma lenta embarcação*. Das três palavras que formam o termo essencial, qual é a mais importante? Aquela em torno da qual giram as outras, com ela concordando ou a ela se subordinando. Fica evidente que é *embarcação*. *Uma* e *lenta* são meros adjuntos que se referem ao núcleo *embarcação*.

O predicado da oração é *singrava as águas do rio*. Das cinco palavras que constituem o predicado, qual será a mais importante? Aquela sem a qual a oração perderia o sentido. Está claro que é *singrava*. O termo *as águas* é complemento verbal de *singrava*, cujo núcleo é *águas*; *as* e *do rio* são adjuntos, de *águas*.

Núcleo, pois, é a palavra principal de cada função, em torno da qual giram outras de importância secundária.

O núcleo, muitas vezes, pode mudar de posição num período:

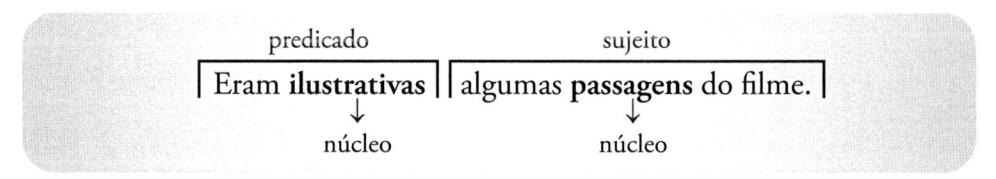

```
            predicado              sujeito
       Eram ilustrativas   algumas passagens do filme.
              ↓                        ↓
            núcleo                   núcleo
```

Também pode haver mais do que um núcleo no mesmo termo da oração:

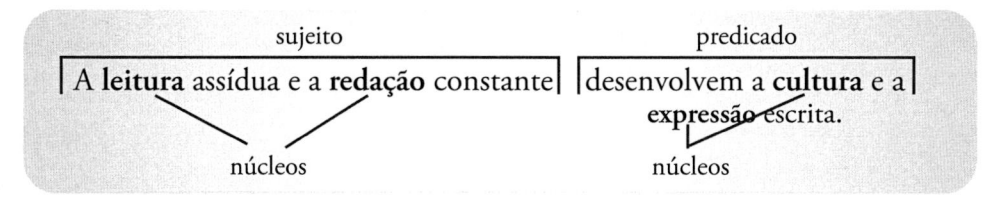

```
              sujeito                       predicado
   A leitura assídua e a redação constante   desenvolvem a cultura e a
                                              expressão escrita.
              núcleos                          núcleos
```

ORDEM DIRETA / INDIRETA

Na língua portuguesa, a sequência padrão dos termos de uma oração é a seguinte: sujeito → predicado → complemento(s) → circunstância(s) [adjunto(s) adverbial(is)]. É o que se convencionou chamar de **ordem direta**, ou estrutura regular. Sempre que essa ordem é alterada, chama-se de **ordem indireta**.

Exemplos de ordem direta:
O filho de Pedro nasceu ontem.
A leitura assídua e a redação constante desenvolvem a cultura e a expressão escrita.
A cigarra morre de frio e de fome no inverno.

Exemplos de ordem indireta:
Eram ilustrativas algumas passagens do filme.
No inverno, a cigarra morre de frio e de fome.
Ouviram do Ipiranga as margens plácidas de um povo heroico o brado retumbante.

Para se alcançar o correto entendimento da frase, em certos casos é necessário que se passe a frase para a ordem direta. É o caso do último exemplo, que corresponde ao início da letra do Hino Nacional: *As margens plácidas do Ipiranga ouviram o brado retumbante de um povo heroico.* Agora ficou mais fácil de entender e fazer a análise sintática, não é mesmo?

FUNÇÕES DAS CLASSES DE PALAVRAS

O exame das funções que as palavras exercem na frase é a maneira mais segura, produtiva e duradoura de absorver o importante capítulo da gramática que é o estudo das *classes de palavras* que compõem a estrutura da língua. A memorização de listas de palavras de cada classe gramatical, tradicional maneira de abordar esse conteúdo, além de custosa e maçante, é pouco eficiente na busca do domínio da gramática. Por utilizar essencialmente a memória em detrimento da inteligência, do raciocínio lógico-dedutivo, esse estudo é efêmero, não levando aos benefícios práticos e desejados no estudo da língua.

Exemplo dessa ineficiência é o estudo das preposições, cuja lista o aluno memoriza em ordem alfabética, como estratégia para não correr o risco de esquecer alguma: *a, ante, após, até, com, contra,* ... De que vale todo esse esforço de memória se diversas dessas palavras podem ter outras funções, como é o caso do *a*, que, além de *preposição*, pode ter as funções de *pronome* e *artigo*?

Bem mais produtivo, duradouro, interessante e acessível é o estudo das funções que cada classe cumpre na frase, como sintetizado a seguir.

Classes essenciais

São dez as classes de palavras que compõem a língua portuguesa, cada uma com funções próprias. Duas delas – o **substantivo** e o **verbo** – constituem o eixo em torno do qual se situam as demais. Não é por nada que são assim denominadas:

– **Substantivo** quer dizer *substância,* essência; tem a função de designar os seres e as coisas. Quanto à sintaxe, o substantivo pode exercer as funções de núcleo do sujeito, do objeto direto, do objeto indireto, do complemento nominal, do agente da passiva e dos adjuntos adnominal e adverbial.

– **Verbo** (do lat. *verbum*) significa *palavra;* é a palavra das palavras, o centro da frase; serve para expressar o que acontece com os seres e as coisas: ação, processo, fenômeno, estado ou mudança de estado. O verbo tem a função sintática de núcleo do predicado (no predicado verbal) ou de elemento de ligação (no predicado nominal).

Classes a serviço do substantivo

Quatro classes de palavras têm a única função de servir o substantivo; só existem porque existe o substantivo. São o **adjetivo**, o **pronome**, o **numeral** e o **artigo**.

a) **Adjetivo** (do lat. *adjectivus:* adjetivo, que se junta). O adjetivo serve para indicar as qualidades, as propriedades ou os estados dos seres e das coisas (substantivos): ***bom** livro; livro **costurado**; livro **rasgado**.* O adjetivo pode ter a função sintática de adjunto adnominal e de núcleo do predicado nominal.

b) **Pronome.** Como expressa a palavra (*pro* + *nome*: a serviço do nome, do substantivo), o pronome tem a função de servir o nome, fazendo-o de três maneiras:

– Substituindo-o: ***Ele*** (em substituição a *livro,* por exemplo) *está bem escrito.*

– Acompanhando-o, para demonstrar, indicar posse, etc.: ***Este** livro; **seu** livro.*

– Referindo-se a ele (pronome relativo; é *relativo* a nome expresso antes): *O livro **que** te emprestei.*

Do ponto de vista da sintaxe, o pronome é adjunto adnominal e, quando usado em substituição ao substantivo, cumpre as mesmas funções deste.

c) **Numeral** (da lat. *numerus:* número). O numeral tem a função de indicar a quantidade dos seres e das coisas (substantivos) ou a ordem em que se situam: ***dois** livros; o **terceiro** livro do autor.*

d) Artigo (do lat. *articulus:* articulação). O artigo tem a função de especificar o substantivo, definindo-o ou indefinindo-o: *o livro,* **um** *bom livro.* O artigo tem a única função sintática de adjunto adnominal.

Classes com função de conexão

Duas classes de palavras têm a função de conectar, de ligar. São elas:

a) Preposição (posição anterior). A preposição subordina a palavra que introduz. Liga palavras: *O primeiro livro **de** Érico.*

b) Conjunção (do lat. *conjunctio:* união, conjunto). Conecta conjuntos de palavras ou orações: *O bem **e** o mal estão por aí. Li este livro, **mas** aquele nem conhecia.*

Classes especiais

As duas classes gramaticais restantes – advérbio e interjeição – têm funções diferentes:

a) Advérbio (*ad:* ao lado de + *verbum:* verbo = ao lado do verbo). Tem a função de modificar basicamente o verbo: *ler faz **bem**,* mas também o adjetivo (*livro **muito** bom*) ou outro advérbio (*ler faz **muito** bem*).

b) Interjeição (*interjectio:* inserção, interposição). Expressa emoções, apelos ou ideias avulsas, fora da estrutura frasal, sendo seguidas de ponto de exclamação: *Ih! Olá! Puxa! Oi!*

Como podemos observar, pelo exame atento das funções que as palavras exercem na frase, é possível reconhecer com certa facilidade sua classificação. Com isso, nos livramos dos maçantes e pouco úteis exercícios de memorização, sem desconsiderar outras vantagens, como: facilidades significativas nas questões da sintaxe (concordância, regência, crase e pontuação) e o sempre salutar treino da capacidade de pensar.

Não se trata de desprezar a memória, mas de privilegiar a inteligência, que, neste caso, se sobrepõe, em especial se examinada a relação custo--benefício.

2.ª parte
Dos termos da oração

A palavra é o fio de ouro do pensamento.
(Sócrates)

Numa visão de conjunto, os *termos da oração* classificam-se como mostramos no Quadro sinótico 1.

TERMOS ESSENCIAIS

SUJEITO X PREDICADO

Quando externamos um pensamento, em outras palavras, quando formamos uma *oração*, recorremos, normalmente, a dois elementos considerados indispensáveis e, por isso mesmo, chamados *essenciais*. São eles:

a) SUJEITO – o ser do qual declaramos alguma coisa.

b) PREDICADO – aquilo que declaramos do sujeito.

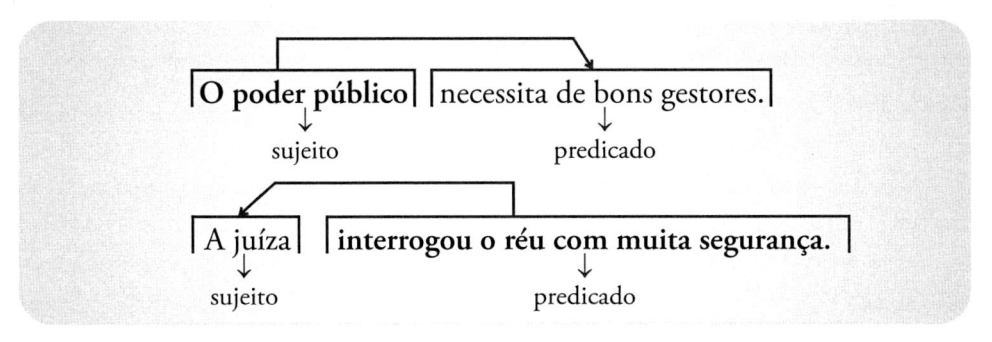

|O poder público| |necessita de bons gestores.|
    sujeito   predicado

|A juíza| |interrogou o réu com muita segurança.|
  sujeito   predicado

TERMOS DA ORAÇÃO

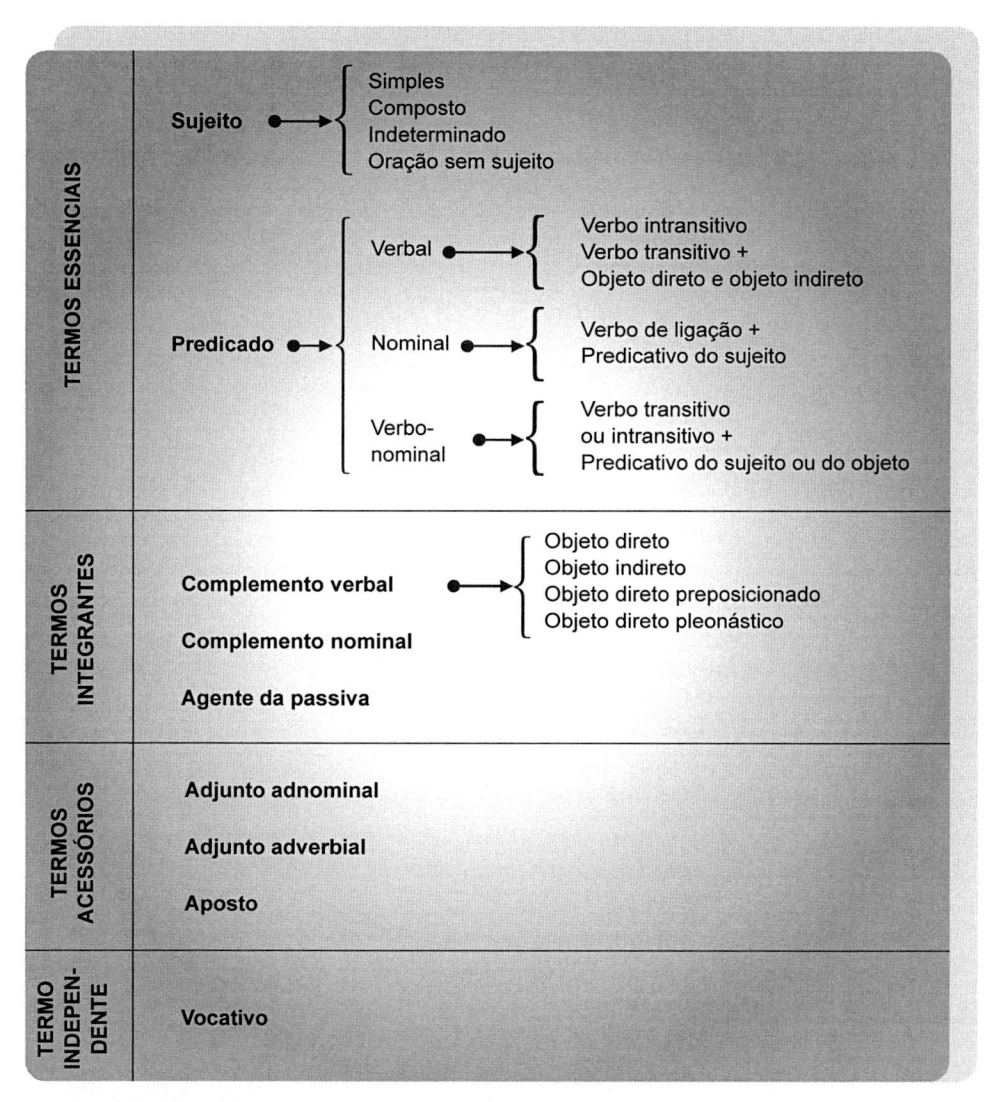

TERMOS ESSENCIAIS	Sujeito →	Simples / Composto / Indeterminado / Oração sem sujeito	
	Predicado →	Verbal →	Verbo intransitivo / Verbo transitivo + Objeto direto e objeto indireto
		Nominal →	Verbo de ligação + Predicativo do sujeito
		Verbo-nominal →	Verbo transitivo ou intransitivo + Predicativo do sujeito ou do objeto
TERMOS INTEGRANTES	Complemento verbal →	Objeto direto / Objeto indireto / Objeto direto preposicionado / Objeto direto pleonástico	
	Complemento nominal		
	Agente da passiva		
TERMOS ACESSÓRIOS	Adjunto adnominal		
	Adjunto adverbial		
	Aposto		
TERMO INDEPENDENTE	Vocativo		

Quadro sinótico 1.

Como mostram os exemplos anteriores, tudo, na oração, que não for *sujeito*, será *predicado*.

No entanto, alguém pode perguntar, com razão: onde ficam, então, os demais *termos da oração* apresentados no quadro sinótico?

A resposta é simples: Esses termos se agrupam em torno dos núcleos do sujeito, do predicado e dos termos integrantes, com o objetivo de complementá-los ou, simplesmente, para ajuntar-lhes uma ideia a mais.

SUJEITO

Como vimos, sujeito é o ser do qual declaramos alguma coisa.

sujeito	predicado
Um moderno *estabelecimento* de ensino	atendia aquela comunidade.
↓	
núcleo	

O *núcleo do sujeito*, nesta oração, é o substantivo *estabelecimento*, que vem acompanhado dos elementos secundários *um, moderno* e *de ensino*.

Modo prático para identificar o sujeito

Encontramos facilmente o sujeito formulando ao predicado a pergunta:
– Quem é que? (para pessoas) ou
– O que é que? (para coisas).
Ex.: *O que é que* atendia aquela comunidade?
R.: "Um moderno estabelecimento de ensino."

Pronto! A resposta é o *sujeito* da oração.

TREINAMENTO IMEDIATO

Empregando, agora, a maneira prática para identificar o sujeito, transcreva-o na 2.ª coluna e, na 3.ª coluna, transcreva os seus *núcleos*. Siga o modelo:

	Orações	Sujeitos	Núcleos
1	Uma banda de *rock* sacudia a galera.	Uma banda de *rock*	banda

(continua)

(continuação)

	Orações	Sujeitos	Núcleos
2	O imenso bloco de gelo ruiu em meio às águas do Polo Antártico.		
3	Caiu súbito silêncio.		
4	Um canto mavioso invadia a brisa da noite.		
5	Achava-se em ruínas aquela casa na beira da estrada.		
6	Cada novo dia permite uma nova aprendizagem.		
7	A ignorância é a maior enfermidade do gênero humano. (Cícero)		
8	A primeira criatura de Deus foi a luz.		
9	Um livro fechado é apenas um bloco de papel. (prov. chinês)		
10	O homem sensato corrige seus erros pelo erro dos outros. (Osvaldo Cruz)		

Constituição do sujeito

Se o sujeito é o ser sobre o qual fazemos uma declaração, o seu *núcleo* deve, evidentemente, ser constituído de um *substantivo*. Não é necessário, no entanto, que o núcleo do sujeito seja um substantivo propriamente dito; basta que seja constituído de um *substantivo virtual,* isto é, de uma palavra, locução ou oração com força de substantivo.

Dessa forma, além do substantivo essencial, pode o núcleo do sujeito ser expresso por:

1. **Uma palavra substantivada**

   Mas é uma conjunção coordenativa adversativa.
   O *não* é uma palavra dura e necessária.
   Rir é o melhor remédio.
   O *impossível* acontece.

2. **Uma locução substantivada**
   Independência ou Morte! foi o grito do Ipiranga.
   Saber para servir foi o lema escolhido pelos formandos.
3. **Um pronome**
   Tu não te preocupas com o teu futuro?
   Tudo anda muito bem.
   Quem está aí?
   Isto é uma maravilha!
4. **Uma oração**
   Convém *que estudes informática*.
   É bom *que voltes mais vezes*.
5. **Um numeral**
   Apenas *dez* conseguiram aprovação.
   Somente *três* permaneceram sentados.

Classificação do sujeito

1. SIMPLES: aquele que possui um só núcleo.

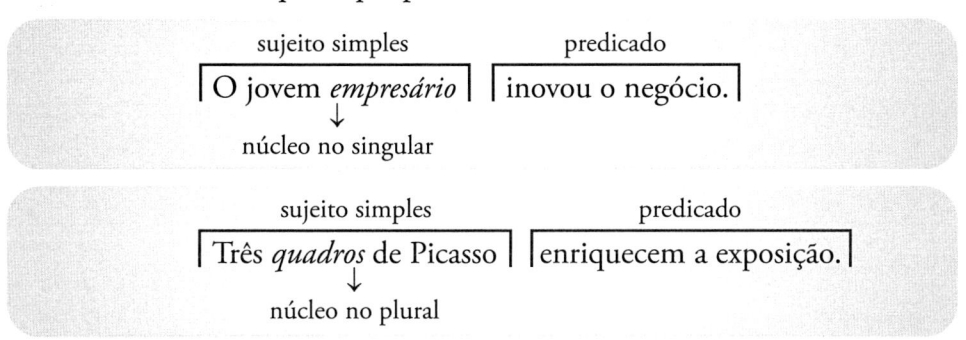

   | sujeito simples | predicado |
   | O jovem *empresário* | inovou o negócio. |

   núcleo no singular

   | sujeito simples | predicado |
   | Três *quadros* de Picasso | enriquecem a exposição. |

   núcleo no plural

Consideramos *simples* também o sujeito constituído de dois substantivos sinônimos que, coordenados, mantêm o verbo no singular.

A *Botânica* ou a *Fitologia estuda* a variedade das plantas.

2. COMPOSTO: aquele que apresenta dois ou mais núcleos.

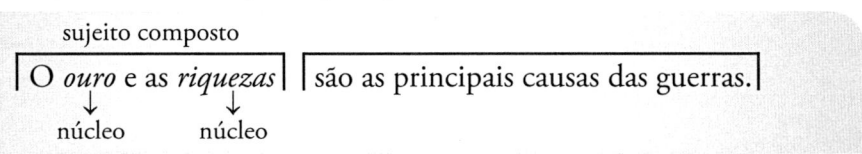

   | sujeito composto | |
   | O *ouro* e as *riquezas* | são as principais causas das guerras. |

   núcleo núcleo

```
                                    sujeito composto
   ┌─────────────────────────────┐ ┌──────────────────────────────┐
   │ No restaurante são proibidos │ │ cigarro, cachimbo e charuto. │
   └─────────────────────────────┘ └──────────────────────────────┘
                                     ↓          ↓          ↓
                                   núcleo     núcleo     núcleo
```

3. INDETERMINADO: aquele que não aparece expresso, nem é determinado ou especificado objetivamente, porque não queremos ou porque não achamos necessário.
- ✓ Dizem por aí que...
- ✓ Fala-se à boca pequena que...

O sujeito indeterminado pode ocorrer sob duas formas:

a) Com o *verbo na 3.ª pessoa do singular*, acompanhado da partícula SE, que denota a *indeterminação* do sujeito:
- ✓ Vive-se bem neste condomínio.
- ✓ Precisa-se muito de bons administradores.

Quem é que vive bem neste condomínio?
Resposta: Alguém, a gente – *sujeito indeterminado*, pois a oração não nomeia, nem especifica condômino algum daquele condomínio.

Quem é que precisa muito de bons administradores?
Resposta: Alguém, a gente – *sujeito indeterminado*, pois o enunciado não nomeia nem especifica pessoa alguma que precisa de administrador.

b) Com o *verbo na 3.ª pessoa do plural*, sem referência a ser ou seres determinados:

Dizem que o ladrão foi preso.   *Contam* lorotas por aí.
   ↓   ↓
verbo na 3.ª pess. pl.   verbo na 3.ª pess. pl.

Quem é que o diz? Resposta: alguém, a gente, não sabemos ao certo.
Quem é que as conta? Resposta: alguém, a gente, não sabemos ao certo.
Logo, nos dois casos, o sujeito é *indeterminado*.

Observação: Não devemos confundir *sujeito indeterminado* com *sujeito subentendido* (na desinência verbal). *Sujeito subentendido* é o sujeito não expresso, porém *conhecido*; enquanto que o sujeito *indeterminado não é expresso nem conhecido*, menos ainda *determinado*. Exemplos:

- ✓ Encontrei a solução.
Quem é que encontrou a solução? R.: [Eu] – *sujeito simples subentendido*.
- ✓ Nesta turma fala-se muito.
Quem é que fala muito? R.: Alguém, a gente: *sujeito indeterminado*.

4. ORAÇÃO SEM SUJEITO

Há casos em que a oração não tem sujeito. O predicado apenas expressa o fato verbal, sem atribuí-lo a nenhum agente. Isso ocorre com certos verbos chamados *impessoais*, porque se apresentam só na *3.ª pessoa do singular*.
Eis os principais:

a) Verbos que denotam fenômenos atmosféricos, próprios da natureza: amanhecer, anoitecer, entardecer, chover, relampejar, trovejar, ventar, etc.
- ✓ *Amanhece* cedo no verão.
- ✓ Em certos lugares, *choveu* sem parar.

Quem é que amanhece cedo? Não há resposta; logo, *oração sem sujeito*.
Quem é que choveu sem parar? Não há resposta; logo, *oração sem sujeito*.

Mas, em sentido figurado, tais verbos passam a ter sujeito e viram verbos pessoais, como podemos ver pelos exemplos:
- ✓ Para aquele concurso, *choveram* candidatos.
- ✓ *Choveram* pérolas nas provas do Enem.
- ✓ O instrutor *trovejava* ordens sobre os recrutas.
- ✓ Seus olhos *relampejavam* de felicidade.

b) Verbo *haver* significando *existir* ou *ocorrer* (a palavra que se segue a este verbo desempenha a função de *objeto direto*).
- ✓ *Havia* fartura em todos os lares. (Existia fartura...)
- ✓ *Há* ofertas para todos os gostos. (Existem ofertas...)

c) Verbos *haver* e *fazer*, indicando *tempo decorrido* (também aqui, o que se segue aos verbos é *objeto direto*, e não *sujeito*).
- ✓ *Há* meses que espero pela vaga.
- ✓ *Faz* duas horas que o despertador tocou.

É importante observar que *haver* e *fazer* transmitem a *impessoalidade* aos seus verbos auxiliares, que, junto com eles, formam locução verbal:

Deve fazer dez graus na serra.   *Pode haver* várias soluções.

d) Verbos *bastar* e *chegar* acompanhados da preposição **de**, em orações exclamativas.
   ✓ *Basta* de brincadeiras!
   ✓ *Chega* de críticas infundadas!

e) Verbos *ser* e *estar* indicando tempo, hora ou data.
   ✓ *Era* cedo ainda.
   ✓ *Está* muito frio.
   ✓ Hoje *é* primeiro de abril.
   ✓ Acorde, filho, já *são* 10h.

Observando o último exemplo, vemos que o verbo *ser*, por atração, pode concordar com o predicativo.

Outro exemplo: Eram   cinco horas da tarde.

APLICAÇÃO PRÁTICA

Concordância verbal

É na identificação do sujeito que se aplica a regra da concordância verbal, pois, com exceção dos verbos de ligação, o verbo sempre concorda em pessoa e número com o sujeito. Atente para os exemplos:

✓ O jovem **empresário** inovou o negócio.
✓ Três **quadros** de Picasso enriquecem a exposição.

Como podemos observar, os verbos *inovar* e *enriquecer* concordaram com os núcleos dos sujeitos simples *empresário* (3.ª pess. sing.) e *quadros* (3.ª pess. pl.).

✓ O **ouro** e a **ganância** são as principais causas das guerras.

Como o sujeito tem dois núcleos (sendo, portanto, composto), o verbo *ser* foi para o plural.

✓ [eu] *Gostei do seu trabalho.*

Aqui o sujeito é subentendido, mas claramente identificado (*eu*); então, o verbo *gostar* concordou com ele.

✓ *Vive-se bem naquele condomínio.*

Neste exemplo, o sujeito é indeterminado, ou seja, apesar de se saber que alguém *vive,* não se sabe exatamente quem, ou seja, o sujeito é desconhecido. Como poderia o verbo concordar com o desconhecido? Resultado: o verbo fica na *forma impessoal,* que é a terceira pessoa do singular (*vive*).

> **Observação:** Em frases como *Dizem que o ladrão foi preso* e *Contam lorotas por aí,* o sujeito é indeterminado, mas há a intenção de dizer que mais de um *disse* e *conta,* razão por que os verbos estão no plural.

✓ *Havia ofertas para todos os gostos.*
✓ *Faz seis anos.*
✓ *Chega de críticas infundadas.*

Estas frases não têm sujeito, não podendo o verbo concordar com o que não existe; por isso, os verbos *haver, fazer* e *chegar* ficam na forma impessoal, ou seja, na terceira pessoa do singular. Esclareça-se que *ofertas, seis anos* e *de críticas infundadas* são complementos verbais, e não sujeitos.

Casos particulares de concordância verbal serão esclarecidos na 4.ª parte deste livro (p. 109 e segs.).

EXERCÍCIOS DE FIXAÇÃO

A. Complete os espaços pontuados, analisando o sujeito. Siga o modelo:

1. "A morte e o jogo nivelam todas as classes." (Samuel Foote)
    Sujeito: A morte e o jogo.
    Núcleo(s): morte – jogo.
    Classificação: composto.

2. Pelas coxilhas da campanha, corria o vento frio de agosto.
    Sujeito: ....
    Núcleo(s): ....
    Classificação: ....

3. Nóbrega e Anchieta salvaram Piratininga do assalto indígena.
    Sujeito: ....
    Núcleo(s): ....
    Classificação: ....

4. O *que* e o *se* são pequenas palavras de muitas funções.
    Sujeito: ....
    Núcleo(s): ....
    Classificação: ....

5. Aprender é mudar.
    Sujeito: ....
    Núcleo(s): ....
    Classificação: ....

6. A incerteza, o despeito, o receio pintavam-se nos rostos de muitos.
    Sujeito: ....
    Núcleo(s): ....
    Classificação: ....

7. Parece que a situação melhorou.
    Sujeito: ....
    Núcleo(s): ....
    Classificação: ....

8. "Paz e amor" era seu lema predileto.
    Sujeito: ....
    Núcleo(s): ....
    Classificação: ....

9. Cobriam a lauta mesa caviar, carne de faisão, uvas especiais e tâmaras.
    Sujeito: ....
    Núcleo(s): ....
    Classificação: ....

10. Botaram o bloco na rua aqueles sambistas inveterados.
    Sujeito: ....
    Núcleo(s): ....
    Classificação: ....

B. Diga se o sujeito das orações seguintes é *simples, subentendido (ou implícito), indeterminado,* ou se a *oração é sem sujeito*:

1. À noite, choveu torrencialmente.
   ....

2. Luta-se por mais justiça no mundo.
   ....

3. Não há grandeza sem esforço.
   ....

4. Precisa-se de bons mecânicos.
   ....

5. Fomos sorteados na última Loto.
   ....

6. Alguém bateu à porta.
   ....

7. Nunca se assistiu a um filme tão emocionante.
   ....

8. Era alta noite.
   ....

9. Sombras espessas cobriam as margens daquele rio.
   ....

10. Estão cortando árvores demais.
    ....

C. Transforme o sujeito *indeterminado* em sujeito simples *subentendido (ou implícito)*. Siga o modelo:

1. Picharam o muro da Av. Mauá.
   [Eu] Pichei o muro da Av. Mauá.

2. Lançaram cartazes de combate à dengue.
   ....

3. Optou-se pelo sistema simples na declaração do imposto de renda.
   ....

4. Precisa-se de corretores de imóveis.
   ....

5. Naquela roda, só se falava de futebol.
   ....

6. Hoje em dia, lê-se muito pouco.
   ....

PREDICADO

Predicado, como já vimos, é tudo quanto se declara do *sujeito*; e, quando a oração é sem sujeito, ele apenas enuncia um fato.

A respeito do sujeito, pode o *predicado* declarar:

a) uma *ação praticada* ou *sofrida* por ele.

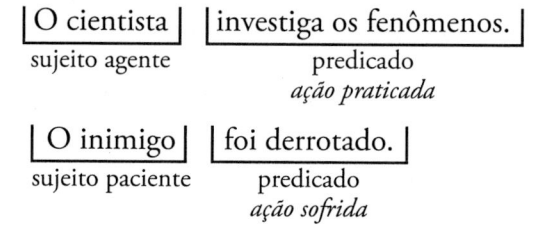

| O cientista | | investiga os fenômenos. |
sujeito agente   predicado
ação praticada

| O inimigo | | foi derrotado. |
sujeito paciente   predicado
ação sofrida

b) uma *qualidade, estado* ou *condição*.

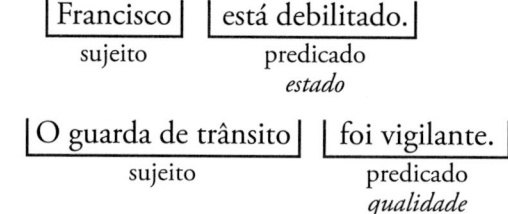

| Francisco | | está debilitado. |
sujeito   predicado
estado

| O guarda de trânsito | | foi vigilante. |
sujeito   predicado
qualidade

Classificação do predicado

1. **Verbal**, quando o seu *núcleo* é constituído de um *verbo*.
Se o predicado exprimir o que o sujeito *faz* ou *sofre*, ele será sempre *verbal*, pois, nesses casos, cabe ao verbo ser o elemento principal da declaração.

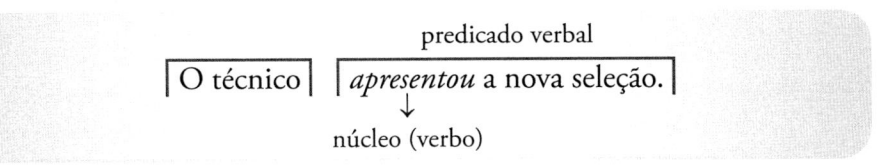

predicado verbal

| O técnico | *apresentou* a nova seleção. |

núcleo (verbo)

O verbo *apresentou* traduz, sem dúvida, a ideia principal do que se afirma do sujeito *O técnico;* por tal motivo, o predicado é *verbal*. Como, no entanto, o verbo *apresentou* não foi capaz de expressar tudo quanto se quis dizer do sujeito, reclamou, para complementá-lo, o termo integrante que o segue: *a nova seleção*.

2. **Nominal**, quando seu *núcleo* é um *nome*. Se o predicado traduz o que o sujeito *é* (*estado* ou *qualidade*), como *está* (*estado* ou *qualidade*) ou *passa a ser* (*estado, qualidade* ou *condição*), cabe ao *nome* exprimir a declaração principal do predicado.

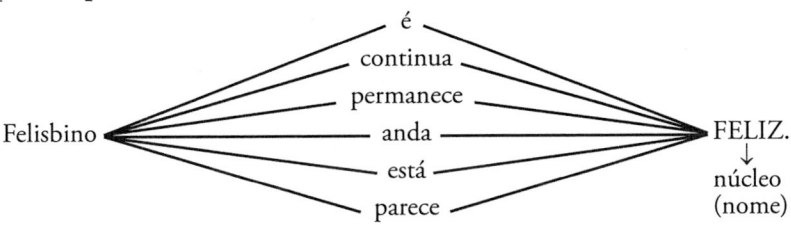

Felisbino — é / continua / permanece / anda / está / parece — FELIZ.
núcleo (nome)

Como vemos, o núcleo do predicado, nessas orações, já não é mais um dos verbos, mas sim o nome *feliz*, pois o que realmente se atribui a Felisbino é o seu *estado* de felicidade.

Feliz é, assim, o núcleo do predicado, enquanto que os verbos *é, continua...*, serviram, unicamente, para *ligar* o nome *feliz* ao sujeito *Felisbino;* chamam-se, por isso, *verbos de ligação*.

Os principais verbos de ligação são: *ser, estar, ficar, andar, parecer, permanecer, continuar, virar e mais alguns poucos*.

O nome que constitui o núcleo do predicado nominal vem a ser o *predicativo do sujeito*. Outros exemplos de predicados nominais:

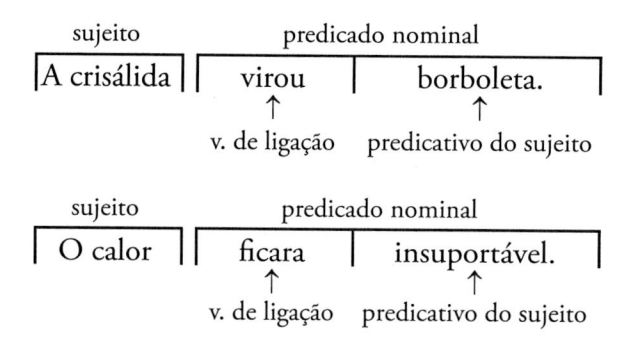

```
    sujeito          predicado nominal
  ┌─────────┐ ┌─────────┬──────────────┐
  │A crisálida│ │  virou  │  borboleta.  │
  └─────────┘ └─────────┴──────────────┘
                  ↑            ↑
             v. de ligação  predicativo do sujeito

    sujeito          predicado nominal
  ┌─────────┐ ┌─────────┬──────────────┐
  │ O calor │ │  ficara │ insuportável.│
  └─────────┘ └─────────┴──────────────┘
                  ↑            ↑
             v. de ligação  predicativo do sujeito
```

3. **Verbo-nominal**, quando possui dois núcleos: um *verbo* e um *nome*.

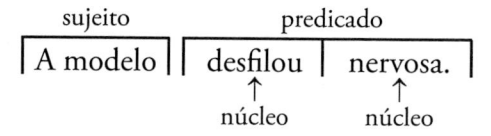

```
    sujeito        predicado
  ┌─────────┐ ┌─────────┬──────────┐
  │A modelo │ │ desfilou│ nervosa. │
  └─────────┘ └─────────┴──────────┘
                  ↑          ↑
               núcleo      núcleo
```

Nesta oração, na realidade, há duas afirmações, que podemos assim destacar:

1. A modelo desfilou. (pred. verbal)
   ↓
   núcleo (verbo)

2. A modelo estava nervosa. (pred. nominal)
   ↓
   núcleo (nome)

Como podemos observar, houve no exemplo a fusão de dois tipos de predicados, para se constituírem num terceiro: predicado verbo-nominal, fruto da soma do *predicado verbal + predicado nominal.*

Confirmemos essa dupla estrutura com outro exemplo:

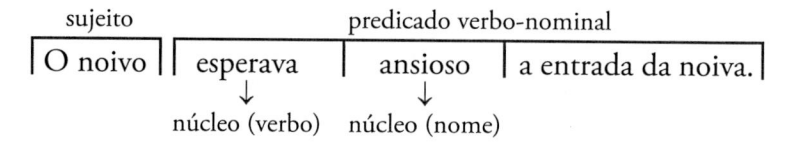

```
   sujeito          predicado verbo-nominal
  ┌───────┐ ┌─────────┬─────────┬───────────────────┐
  │O noivo│ │ esperava│ ansioso │a entrada da noiva.│
  └───────┘ └─────────┴─────────┴───────────────────┘
                ↓         ↓
          núcleo (verbo) núcleo (nome)
```

1. O noivo esperava... (pred. verbal)
2. O noivo estava ansioso (pred. nominal)

TREINAMENTO IMEDIATO

Preencha adequadamente as colunas do quadro abaixo e classifique o *predicado*. Siga o modelo:

		Predicado	Núcleo(s)	Classificação
1.	O cineasta foi homenageado.	foi homenageado	homenageado	nominal
2.	O velho cacique passeava soturno diante da cabana.			
3.	"Não descende o covarde do forte." (G.D.)			
4.	Olavo já está transferido.			
5.	Os soldados voltaram abatidos.			
6.	"Então, forasteiro, caí prisioneiro de um troço guerreiro." (G.D.)			
7.	"A história é a mestra da vida." (Cícero)			
8.	A moça ficou pensativa.			
9.	O lutador virou uma fera.			
10.	A chuva caía levemente.			

TERMOS INTEGRANTES

São *termos integrantes* da oração os que completam o sentido de um *verbo*, ou integram o significado de um *nome*.

TIPOS DE COMPLEMENTOS

a) Complementos verbais na voz ativa:
– objeto direto
– objeto indireto
b) Complemento verbal na voz passiva:
– agente da passiva
c) Complemento do nome (substantivo, adjetivo e advérbio) de sentido incompleto:
– complemento nominal.
Iniciemos com os itens **a** e **b**.

PREDICAÇÃO VERBAL

O que é predicação verbal? É o estudo dos verbos e de seus complementos. Para bem entendermos o que são *complementos verbais*, observemos as frases abaixo:

1.ª	2.ª
O pássaro *voa*.	Nós *enfrentamos*..................
O sol *brilha*.	Eu *obtive*............................
A criança *brinca*.	Pedro *depende*.....................

A simples leitura dessas frases nos diz que, nas orações da 1.ª coluna, não houve necessidade de nenhum termo a mais depois dos verbos *voa*, *brilha* e *brinca*. Ninguém, certamente, nos indagará: "O que é que o pássaro voa? O que é que o sol brilha? O que é que a criança brinca?" Esses verbos são autossuficientes; eles não reclamam, nem exigem termo algum, pois encerram sentido completo. Tais verbos denominam-se *verbos intransitivos*.

O mesmo não sucede com os exemplos da 2.ª coluna. Sentimos, ao fazer sua leitura, a falta de mais um termo, pois os verbos das três orações não têm o seu sentido completo. Precisamos responder as seguintes indagações:

– O que é que nós *enfrentamos*?
– O que é que eu *obtive*?
– De que ou de quem Pedro *depende*?

Logo, concluímos que é necessário *inteirar* o sentido desses verbos, acrescentando-lhes os *complementos* que reclamam.

Assim, teremos:
- ✓ Nós enfrentamos *o desafio*. (compl. verbal)
- ✓ Eu obtive *bons resultados*. (compl. verbal)
- ✓ Pedro depende *de terceiros* (compl. verbal)

Portanto, os verbos cujo sentido deve ser *completado* por um *termo integrante* denominam-se *verbos transitivos*.

TRANSITIVIDADE DOS VERBOS

1. Transitivos diretos

O termo que lhes integra o sentido liga-se a ele diretamente, isto é, sem auxílio de preposição; por isso, chama-se **objeto direto** (OD), e o verbo, *verbo transitivo direto* (VTD).

> Nós enfrentamos o desafio. (objeto direto)
>   VTD   OD
>
> Eu obtive bons resultados. (objeto direto)
>   VTD   OD

2. Transitivos indiretos

O termo que *integra* o sentido desses verbos liga-se a ele *indiretamente*, isto é, *com* auxílio de *preposição*; por tal motivo, chama-se **objeto indireto** (OI), e o verbo, *verbo transitivo indireto* (VTI).

> Pedro depende de terceiros. (objeto indireto)
>   VTI   OI
>
> Refiro-me ao fenômeno. (objeto indireto)
>   VTI   OI

3. Transitivos diretos e indiretos

Os termos que integram o sentido desses verbos fazem-no, numa mesma oração, com um objeto *sem* preposição e outro objeto *com* preposição:

> O turista confundiu periquito com papagaio.
> sujeito   VTDI   OD   OI
>
> O jornal nacional noticiou aos servidores o novo salário.
>   sujeito   VTDI   OI   OD

> **Observação:** Há verbos *transitivos* (de predicação incompleta) que podem *intransitivar-se;* e verbos *intransitivos* (de predicação completa) que podem *transitivar-se*. Comparemos os exemplos:
>
> Clarice Lispector escrevia contos.
>   VTD   OD
>
> Clarice Lispector escrevia.
>   VI
>
> Eugênio vive.
>   VI
>
> Eugênio vive momentos difíceis.
>   VTD   OD

OBJETO DIRETO PREPOSICIONADO

Às vezes, embora o verbo seja *transitivo direto*, admite que o *objeto direto* seja introduzido por *preposição*. É o que se convencionou chamar *objeto direto preposicionado*. Vejamos quando e por que isso ocorre.

1. Com os verbos de sentimento: *amar, louvar, estimar*, etc.:

    A criatura louva *a*o Criador.
              VTD   OD prep.

2. Com os pronomes oblíquos: *mim, ti, si, ele, ela, nós, vós*:

    Convidaram *a* mim e *a* ti.
                OD prep.   OD prep.

    A ele ninguém convidou.
    OD prep.

    A mim você nunca engana.
    OD prep.

3. Com pronomes demonstrativos, indefinidos e de tratamento:

    Admiro muito *a* Vossa Senhoria.
                   OD prep.

    Observava *a* todos.
               OD prep.

Elogiei *a* este.
   OD prep.

4. Com o pronome relativo *quem*.
   Ele tinha uma filha *a* quem idolatrava.
   　　　　　　　　　　OD prep.

5. Com substantivos próprios ou que indicam pessoas.
   Judas traiu *a* Cristo.
   　　　　　　OD prep.

6. Para realçar a ideia de porção, parte:
   *D*este pão não comerás.
   OD prep.

   Ele provou *d*o vinho tinto.
   　　　　　　OD prep.

7. Para realçar a mensagem com expressões idiomáticas.
   Sacar *da* espada.　　　　Chamar *por* alguém.
   Puxar *da* faca.　　　　　Gozar *de* liberdade.
   Pegar *da* caneta.　　　　Acabar *com* o litígio
   Pedir *por* socorro.　　　Ansiar *pelo* cargo.

8. Para desfazer ambiguidades.
   Vencia o Grêmio *a*o Colorado.
   　　　　　　　　OD prep.

   Bruto *a* Júlio César assassinou.
   　　　OD prep.

OBJETO DIRETO E OBJETO INDIRETO PLEONÁSTICOS

Em certos casos, tanto o objeto *direto* como o *indireto* podem ser repetidos na mesma oração por motivo de ênfase. Exemplos:
   A mentira, detesto-*a*. (obj. direto pleonástico)
   A mim não *me* agrada esta torcida. (obj. indireto pleonástico)
   Meu filho, jamais te enganarei *a ti*. (obj. direto pleonástico).

Modo prático de identificar os objetos direto e indireto

✓ Para identificar o objeto direto da oração, basta perguntar, depois do verbo, O QUÊ? ou QUEM?
O professor *esclareceu* as dúvidas.
O professor esclareceu *o quê*? R.: *as dúvidas* (OD)

Por outro lado, basta verificar a possibilidade de usar as palavras ALGUÉM ou ALGUMA COISA depois de ter enunciado o verbo.
Quem *esclarece, esclarece alguma coisa*. Logo, *as dúvidas* é o objeto direto.

✓ Para identificar o *objeto indireto* da oração, também basta perguntar, depois do verbo, O QUÊ? ou QUEM? Precedido da *preposição* regida pelo verbo da oração.
Ronaldinho *obedece a*o técnico.
Ronaldinho obedece A QUEM? R.: *ao técnico* (OI)

Por outro lado, basta verificar a necessidade de usar diante das palavras ALGUÉM ou ALGUMA COISA uma preposição adequada ao sentido do verbo (*a, para, de, em, com,* etc.).
Quem obedece, *obedece* A ALGUÉM. Logo, *ao técnico* é o *objeto indireto*.

Verbos de ligação

Há verbos que não são intransitivos nem transitivos. São simplesmente **verbos de ligação**. Eles servem apenas para ligar atributos ao sujeito na função de predicativo do sujeito. Também podem ligar atributos a objetos diretos e indiretos.

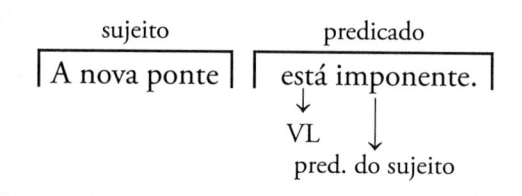

```
        sujeito         predicado
      ┌───────────┐  ┌─────────────────┐
      │A nova ponte│  │ está imponente. │
                         ↓       ↓
                         VL
                              pred. do sujeito
```

> ⚠️ **Atenção:** Mas, alguns verbos, em determinados contextos, também são de ligação, enquanto, em outros, podem ser transitivos ou, ainda, intransitivos. Comparemos:
>
> O jogador **virou** fera no campo. O campeão **virou** a torcida.
>   VL   pred. do sujeito   VTD   objeto direto
>
> No segundo tempo, o placar **virou**. Ele **continua** meu amigo.
>   sujeito   VI   VL   pred. do suj.
>
> Ele **continua** a viagem.
>   VTD   OD

✍️ TREINAMENTO IMEDIATO

Transcreva, nas linhas pontuadas, o complemento verbal e, em seguida, classifique o verbo da oração. Siga o modelo:

1. O girassol e a madressilva enfeitam qualquer jardim.
   qualquer jardim – obj. direto
   verbo transitivo direto (VTD)

2. Isto não agradará ao chefe da seção.
   ....
   ....

3. As ideias grandes e generosas enaltecem a inteligência humana.
   ....
   ....

4. O Príncipe bradou Independência ou Morte!
   ....
   ....

5. A mim ninguém engana mais.
   ....
   ....

6. Ninguém simpatizava com aquele sujeito.
   ....
   ....

7. A maioria dos vestibulandos optou pelos cursos técnicos.
....
....

8. Canudos oferecia aos jagunços um último refúgio.
....
....

9. Os hipócritas, Jesus os condenava.
....
....

10. Tomamos daquele vinho reservado.
....
....

Funções sintáticas dos pronomes pessoais átonos da terceira pessoa

Empregamos as formas oblíquas *o, a, os* e *as* quando o verbo pedir *objeto direto* e usamos os oblíquos *lhe* e *lhes* quando o verbo reclamar *objeto indireto*.

Comete, portanto, um desvio da linguagem padrão quem diz "Eu *lhe* felicito", uma vez que o verbo *felicitar*, sendo *transitivo direto*, requer *objeto direto*. O oblíquo a ser usado é, pois, *o*. E a construção certa é: "Eu *o* felicito".

Vejamos, agora, outro exemplo: "Eu *lhe* procurei o dia todo". Ora, quem procura, procura *alguém*. Como vemos, o verbo *procurar* rege *objeto direto*; não podemos, pois, usar o oblíquo *lhe*, mas sim, a forma *o*. Então, a construção certa é: "Eu *o* procurei o dia todo".

Da mesma forma, engana-se quem diz e escreve: "Eu *o* obedeço", porque o verbo *obedecer* é *transitivo indireto*, pois quem obedece, obedece *a alguém*.

Portanto, nesse caso, o oblíquo será *lhe*, e a frase ficará assim: "Eu *lhe* obedeço".

Importante

Os oblíquos *o, a, os* e *as* tomam as formas *lo, la, los* e *las* depois das formas verbais terminadas em *r, s,* ou *z*. Motivo: eufonia.

Quero conhecer-o. → Quero conhecê-*lo*.
Amamos-o muito. → Amamo-*lo* muito.
Fiz-o retornar. → Fi-*lo* retornar.

Esses mesmos pronomes, quando figuram depois de uma forma verbal terminada em *som nasal*, tomam as formas *no, na, nos* e *nas*. Motivo: eufonia.

Põe-o sobre a mesa. → Põe-*no* sobre a mesa.
Conheceram-a ontem. → Conheceram-*na* ontem.
Abracem-o por mim. → Abracem-*no* por mim.

TREINAMENTO IMEDIATO

Preencha as lacunas com os oblíquos estudados, conforme a regência exigida pelo verbo. Modifique a forma verbal e o pronome quando for necessário:

1. Sei que devo respeitar-..................... (ela).
2. A professora observou-......................(ele) em classe.
3. Iludiram-.............................(ele) com falsas promessas.
4. Estas rosas são belas; vou colher-........(elas).
5. Mandei-...........................(a você) esta mensagem.
6. A redação está bem feita; fiz-.............(ela) com alma.
7. Perdoo...........................(a você) de todo coração.
8. Este livro foi muito elogiado: comprei-...........(ele) ontem.
9. Esta blusa é linda; vendem-.............(ela) naquela esquina.

10. Quando precisares do livro, manda buscar-......(ele).
11. Devemos reconhecer nossos defeitos, mas o principal é corrigir-...........(eles).
12. Dão-........ (elas) de graça a quem......(elas) pedir.
13. O pai fez-.......... (o filho) reconciliar-se com o irmão.
14. Nossa mãe é incrível; respeitamos-........(ela), honramos-..........(ela), obedecemos -..............(a ela) prontamente.
15. Minha avó é muito idosa, por isso fiz-............. (ela) sentar-se um pouco.

Funções sintáticas dos oblíquos *me, te, se, nos* e *vos*

Estes oblíquos podem desempenhar a função tanto de *objeto direto* como de *objeto indireto*.

Funcionarão como *objetos diretos* se puderem ser substituídos pelos oblíquos *o, a, os* e *as*; como *objetos indiretos*, se puderem ser substituídos pelos oblíquos *lhe* e *lhes*.

Vejamos isso pelos exemplos seguintes:

1. Conta-*me* a verdade.
   Conta-*lh*e a verdade.
   > Logo, *me* = objeto indireto.

2. Tira-*me* daqui!
   Tira-*o* daqui!
   > Logo, *me* = objeto direto.

3. Nada *te* faltará.
   Nada *lhe* faltará.
   > Logo, *te* = objeto indireto.

4. Afastou-*nos* com modos amenos.
   Afastou-*os* com modos amenos.
   > Logo, *nos* = objeto direto.

5. Todos *se* enganaram.
   Todos *o* enganaram.
   　　　Logo, *se* = objeto direto.

6. Ofereceram-*nos* casa e comida.
   Ofereceram-*lhe* casa e comida.
   　　　Logo, *nos* = objeto indireto.

7. Nunca *vos* ofendi.
   Nunca *os* ofendi.
   　　　Logo, *vos* = objeto direto.

Duas observações

1. Quando, na oração, o verbo já está claramente completado por um *objeto direto*, os oblíquos *me, te, se, nos* e *vos* sempre serão objetos indiretos.

   　　sujeito　　　　predicado
   　　| O amigo | | trouxe-*me*　um belo presente. |
   　　　　　　　　　　　　　　↑
   　　　　　　　　　　　　　　OD
   　　　　　Logo, *me* = objeto indireto.

2. Os pronomes tônicos (*mim, ti, si, nós* e *vós*) antecedidos de preposição podem funcionar como objeto direto preposicionado ou objeto indireto. Tudo depende do verbo.

   　　　　O diretor recebeu *a mim* prontamente.
   　　　　Ora, quem recebe, recebe *alguém*.
   　　　　Logo, *a mim* = objeto direto preposicionado.

   　　　　O técnico entregou *a ti* o troféu da vitória.
   　　　　Ora, quem entrega, entrega　alguma coisa　a alguém.
   　　　　　　　　　　　　　　　　　　　　↑　　　　　↑
   　　　　　　　　　　　　　　　　　　　　OD　　　　OI
   　　　　Logo, *a ti* = objeto indireto.

EXERCÍCIOS DE FIXAÇÃO

A. Sublinhe os *objetos diretos* com um traço e circule os *objetos indiretos*:
   1. A maquete dava-nos uma ideia perfeita do condomínio.
   2. O dinheiro os tornou presunçosos.
   3. Prometo-vos um bom emprego.
   4. Sacou da espada e investiu contra o inimigo.
   5. Ele enviava, ao mesmo tempo, diversas mensagens aos seus amigos.
   6. Os policiais entregaram-no à justiça.
   7. Os deputados apresentaram suas reivindicações ao STF.
   8. Informamos-lhe que o contrato venceu ontem.
   9. A nós você nunca consultou.
   10. Cada um cumpra com seu dever.
   11. O atleta preparava-se para a luta.
   12. Deus vos leve, defenda e traga.
   13. Não respeitaram a você, nem a ninguém.
   14. A vida, leve-a sempre numa boa!
   15. Não lhe obedeço, porque você não me obedece.

B. Classifique os verbos destacados nas orações, numerando os parênteses de acordo com a seguinte convenção:
   (1) Verbo intransitivo
   (2) Verbo transitivo direto
   (3) Verbo transitivo indireto
   (4) Verbo transitivo direto e indireto
   (5) Verbo de ligação

   1. Longe do barulho, o poeta *escreve* seus versos. ( )
   2. O desfile das escolas *foi* feérico. ( )
   3. Eu lhes *direi* toda a verdade. ( )
   4. Os jovens *optam* por uma vida mais saudável. ( )
   5. *Aumenta* o uso do plantio direto. ( )

COMPLEMENTO NOMINAL

Ao lado dos verbos de sentido incompleto – os transitivos – existem também os nomes (substantivos, adjetivos e advérbios) de significação incompleta.

Observemos os nomes em negrito das orações abaixo:
Sou **favorável**...
Li a **notícia**...
Votou **contrariamente**...
Ele é **hostil**...

Realmente, são palavras que não se bastam. Por isso, de imediato, impõe-se à mente uma pergunta pelo que falta:
Favorável (a quê?)
Notícia (de quê?)
Contrariamente (a quê?)
Hostil (a quem?)

O termo que, respondendo as perguntas dos parênteses, vai *integrar* o significado dos *nomes* em negrito chama-se *complemento nominal*.

Assim, podemos ter:

Sou **favorável** | à Reforma Tributária. |
   compl. nominal (CN)

Li a **notícia** | da isenção do IPI. |
   CN

Votou **contrariamente** | ao projeto de reforma. |
   CN

Ele é **hostil** | aos exploradores. |
   CN

O *complemento nominal* vem sempre antecedido de *preposição*, como ocorre com o *objeto indireto*.

Portanto, o CN é um verdadeiro "objeto indireto" de nomes (substantivos, adjetivos, advérbios).

Na maioria dos casos, o CN constitui-se de nomes (substantivo, adjetivo, advérbio) derivados dos verbos transitivos e de adjetivos transitivos e de substantivos ou advérbios derivados destes. Vejamos os dois casos por meio de exemplos:

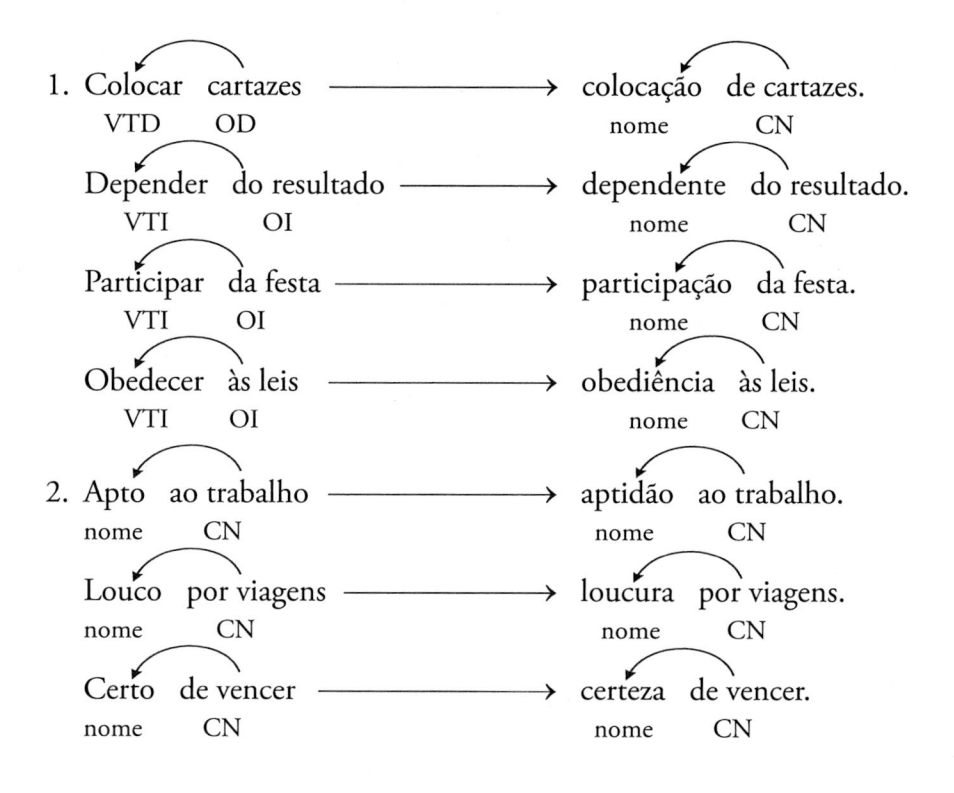

1. Colocar cartazes ⟶ colocação de cartazes.
   VTD   OD   nome   CN

   Depender do resultado ⟶ dependente do resultado.
   VTI   OI   nome   CN

   Participar da festa ⟶ participação da festa.
   VTI   OI   nome   CN

   Obedecer às leis ⟶ obediência às leis.
   VTI   OI   nome   CN

2. Apto ao trabalho ⟶ aptidão ao trabalho.
   nome   CN   nome   CN

   Louco por viagens ⟶ loucura por viagens.
   nome   CN   nome   CN

   Certo de vencer ⟶ certeza de vencer.
   nome   CN   nome   CN

O CN pode fazer parte tanto do *sujeito* quanto de termos localizados no *predicado*.

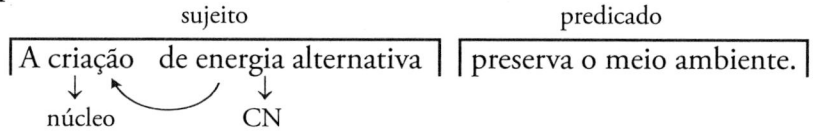

sujeito	predicado
A criação de energia alternativa	preserva o meio ambiente.
↓ ↓	
núcleo CN	

"Criação" é um substantivo de sentido vago e incompleto. Necessita, pois, do CN "de energia alternativa".

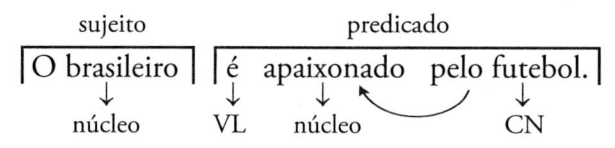

sujeito	predicado
O brasileiro	é apaixonado pelo futebol.
↓	↓ ↓ ↓
núcleo	VL núcleo CN

"Apaixonado" é um nome/adjetivo de sentido vago e incompleto. Necessita, pois, do CN "pelo futebol".

Complemento nominal x Objeto indireto

> **Como distinguir o *complemento nominal* do *objeto indireto***
>
> Há uma diferença fácil de ser entendida. Vejamos: o *complemento nominal* sempre é introduzido por *preposição* e completa o sentido de um *nome* (substantivo, adjetivo e advérbio).
>
> Tenho necessidade de boa alimentação.
> ↓ ↓ ↓ ↓
> VTD subst. prep. compl.
> núcleo do OD nominal: CN
>
> Nesta oração, "de boa alimentação" não é complemento do verbo *tenho;* mas é complemento do nome *necessidade*. Logo, "de boa alimentação" é CN de "necessidade".
>
> Por outro lado, o *objeto indireto* também é introduzido por *preposição,* mas completa o sentido de um *verb*o e não de um *nome*.
>
> Necessito de alimentação saudável.
> ↓ ↓ ↓
> VTI prep. compl. verbal: OI

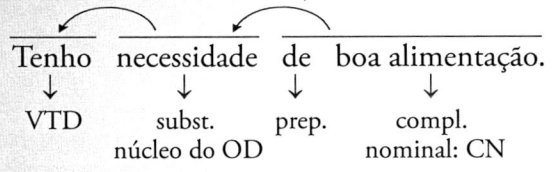

APLICAÇÃO PRÁTICA

Regência e crase

É neste ponto que se resolvem as questões de regência verbal e nominal, de uso adequado dos pronomes átonos, e, em boa parte, da crase.

Quanto ao emprego dos pronomes átonos, como se viu anteriormente, **lhe** e **lhes** são sempre *objeto indireto*, enquanto que os pronomes **a, as, o, os**

e suas variações (**la, las, lo, los, na, nas, no** e **nos**) são sempre *objeto direto*; portanto, mais uma vez, trata-se de questão de regência.

Regência verbal: este é um dos pontos mais complexos da nossa gramática, pois, como vimos, há verbos que não necessitam de complemento (intransitivos), outros exigem-no e a ele se ligam diretamente, sem auxílio de preposição (transitivos diretos), enquanto outros exigem a presença de alguma preposição (transitivos indiretos). Isso exige que se saiba: primeiro, se o verbo rege complemento; segundo, se ele se liga diretamente ao complemento ou se o faz mediante o uso de preposição; e, terceiro, quando exige a presença de preposição, qual delas deve ser usada? Comprove isso nos exemplos utilizados no estudo dos objetos direto e indireto (p. 39).

Regência nominal: muitas vezes os nomes também precisam de complemento para ter o significado que se deseja; é o complemento nominal. Essa ligação sempre se dá mediante o uso de alguma preposição. Alguns adjuntos adnominais também se ligam ao nome mediante o uso de preposição. O mesmo ocorre em certos adjuntos adverbiais. Verifique isso nos exemplos utilizados no estudo do complemento nominal (p. 49) e dos adjuntos adverbial e adnominal (p. 63 e 68).

Crase: a crase é sempre resultado da soma de **a** + **a**. O **a** pode ter as funções de artigo feminino, de preposição e de pronome feminino. Para que ocorra crase, é necessária a presença de dois deles. Portanto, sempre que na introdução do objeto indireto, do complemento nominal e dos adjuntos adnominais e adverbiais a preposição requerida for **a**, pode ocorrer crase, pois faltará apenas o artigo **a** para que a soma **a** + **a** (crase) se concretize. Se for outra preposição, ou se não houver preposição, não pode haver crase. O detalhamento dos casos de crase você encontra na 4.ª parte deste livro (p. 118).

EXERCÍCIOS DE FIXAÇÃO

A. Identifique os *complementos nominais* sublinhando-os:

1. O ensino deve ser acessível a todos.
2. O povo está ansioso por dias melhores.
3. A mulher condenada estava isenta de culpa.
4. O Senado votou favoravelmente ao interesse do povo.
5. O velho pajé parecia alheio às coisas do mundo.

B. Construa frases com os nomes abaixo e sublinhe os complementos nominais introduzidos pela preposição entre parênteses:
1. receio (de). Não tenha receio da <u>crise econômica.</u>
2. referência (a) ....
3. suspeito (de) ....
4. licença (para) ....
5. contrário (a) ....
6. descoberta (de) ....
7. interesse (em) ....
8. notável (por) ....
9. antídoto (contra) ....
10. zelo (por) ....

Criatividade pessoal

C. Assinale o termo grifado com um traço se for **complemento nominal**; circule se ele for **objeto direto** ou **indireto**:
1. O Senado concorda *com a Câmara*.
2. A concordância *com a Câmara* foi decisiva.
3. Este editor sempre foi cuidadoso *com a arte gráfica*.
4. Ele cuidou muito *das ilustrações e das cores*.
5. Henrique está apaixonado *por Laura*.
6. Ele, depois, apaixonou-se *pelo emprego*.
7. A candidata obteve *todas as informações*.
8. A obtenção *de todas as informações* foi importante.
9. O Congresso optou *pelo voto aberto*.
10. A opção *pelo voto secreto* não é simpática.

D. Transcreva e classifique, nos espaços pontilhados, os termos integrantes (objeto direto, objeto indireto e complemento nominal) das orações abaixo. Siga o modelo:
1. Os jornais noticiaram a queda dos juros.
   – *a queda dos juros* – objeto direto – completa *noticiaram*.
   – *dos juros* – complemento nominal – completa *queda*.

ANÁLISE SINTÁTICA APLICADA

2. O clube dispõe de bons jogadores.
   ....

3. O respeito às leis dignifica o cidadão.
   ....
   ....

4. Naquela noite, não havia luar.
   ....

5. Tudo espero de ti, meu filho.
   ....
   ....

6. Chegou o aviso da devolução do IR.
   ....
   ....

7. A falsidade, sempre a condenei.
   ....
   ....

AGENTE DA PASSIVA

Agente da passiva é uma expressão preposicionada que indica o praticante da ação de um verbo na VOZ PASSIVA. Daí dizermos *agente da passiva*, ou seja, aquele ou aquilo que age na voz passiva, o agente.

Quando o verbo está na VOZ ATIVA, o sujeito pratica a ação; na VOZ PASSIVA, o sujeito sofre a ação.

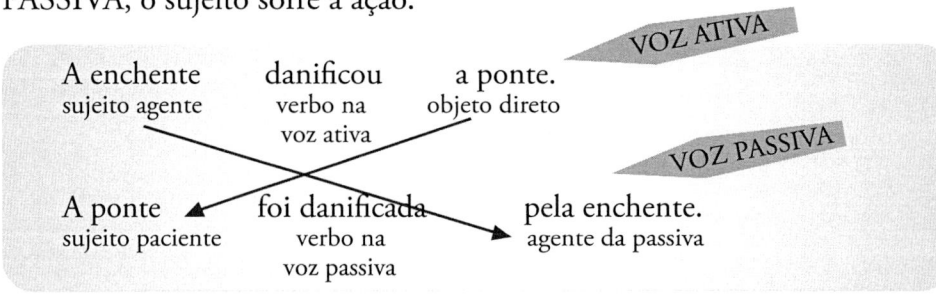

VOZ ATIVA
A enchente — danificou — a ponte.
sujeito agente — verbo na voz ativa — objeto direto

VOZ PASSIVA
A ponte — foi danificada — pela enchente.
sujeito paciente — verbo na voz passiva — agente da passiva

Somente com verbos transitivos diretos e transitivos diretos e indiretos é possível transformar a *voz ativa* em *voz passiva*: o *objeto direto* se tornará

sujeito paciente e o sujeito agente, *agente da passiva*. Na verdade, muda a forma, mas não o sentido. Vejamos então por meio de exemplos:
Com verbo *transitivo direto*:

/ A torcida / receberá / o time vencedor. /
    ↓   ↓   ↓
suj. agente   VTD   OD

/ O time vencedor / será recebido / pela torcida. /
    ↓   ↓   ↓
suj. paciente   v. na voz passiva   agente da passiva

Com verbo *transitivo direto e indireto*:

/ O empresário / atribuiu / o rendimento / aos empregados. /
    ↓   ↓   ↓   ↓
sujeito agente   VTDI   OD   OI

/ O rendimento / foi atribuído / pelo empresário / aos empregados. /
    ↓   ↓   ↓   ↓
sujeito paciente v. na voz passiva agente da passiva OI

Excepcionalmente com alguns verbos *transitivos indiretos (obedecer, pagar, perdoar)*:

/ Todos / obedeceram / aos sinais. /
    ↓   ↓   ↓
suj. agente   VTI   OI

/ Os sinais / foram obedecidos / por todos. /
    ↓   ↓   ↓
suj. paciente   v. na voz passiva   agente da passiva

/ O juiz / perdoou / ao réu arrependido. /
    ↓   ↓   ↓
suj. agente   VTI   OI

/ O réu arrependido / foi perdoado / pelo juiz. /
    ↓   ↓   ↓
suj. paciente   v. na voz passiva   agente da passiva

Como vemos, o sujeito da oração na *voz passiva* não executa, mas sofre a ação expressa pelo verbo. Outro é, pois, o elemento da oração que pratica, que executa a ação; em outras palavras, outro é o *agente*.

A tal elemento, executor da ação verbal, damos o nome de AGENTE DA PASSIVA.

Agente da passiva X Objeto indireto

É importante distinguir o AGENTE DA PASSIVA do OBJETO INDIRETO, pois ambos são termos preposicionados na oração, podendo ser confundidos.
   Aqui vão duas dicas práticas para tanto:
   1. O AGENTE DA PASSIVA pratica, executa a ação na VOZ PASSIVA.

   A prova   foi elaborada   por um grupo especializado.
   ↓   ↓   ↓
   suj. paciente   v. na voz passiva   agente da passiva: pratica a ação

   2. O OBJETO INDIRETO, porém, é beneficiário da ação na VOZ ATIVA e também na VOZ PASSIVA.
   Na voz ativa:

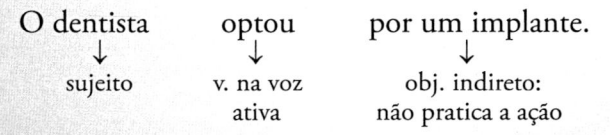

   O dentista   optou   por um implante.
   ↓   ↓   ↓
   sujeito   v. na voz ativa   obj. indireto: não pratica a ação

   Na voz passiva:

   As teses   foram desenvolvidas   pelo orientador   aos acadêmicos.
               ↓   ↓   ↓
          v. na voz passiva   agente da passiva   objeto indireto: não pratica a ação

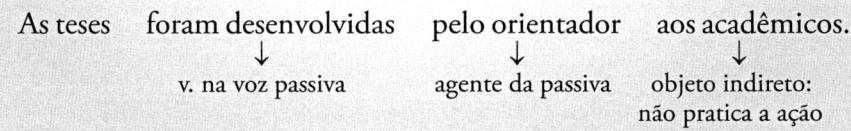

EXERCÍCIOS DE FIXAÇÃO

A. Sublinhe o *agente da passiva* com um traço e circule o *objeto indireto:*
   1. O condomínio será cercado pela construtora.
   2. O herói foi carregado pela multidão.
   3. O carro do grupo especial era puxado por um trator.
   4. Todos ansiamos por dias melhores.
   5. Era elogiado por todos aqueles conferencistas.
   6. Os novos artefatos foram testados pela fábrica.

7. Pelas férias todos esperam.
8. Serei conduzido por vós ao honroso cargo.
9. São habitadas pelos esquimós as regiões polares.
10. Por nossos amigos somos muito incentivados.

B. Passe a oração que estiver na *voz ativa* para a *voz passiva*; a que estiver na *passiva*, passe para a *ativa*:

1. Aquele marceneiro batizou cada tipo de ferramenta.
   ....

2. O cão de guarda foi atropelado pelo automóvel.
   ....

3. O goleador da partida era ovacionado pela torcida.
   ....

4. No mesmo dia, divulgaram a boa notícia.
   ....

5. Ele foi convidado por mim.
   ....

6. A polícia ainda não prendera o criminoso.
   ....

7. Aquele rico apartamento será vendido pela imobiliária.
   ....

8. As autoridades esportivas encerraram os Jogos Olímpicos.
   ....

9. Os acrobatas do Circo Soleil foram admirados pelo público infantil.
   ....

10. A nota jornalística anunciara antecipadamente a nova greve.
    ....

PREDICATIVOS

Para melhor entendermos a constituição dos *predicados nominais* – já estudados anteriormente –, é necessário fazer um estudo mais aprofundado dos PREDICATIVOS. Já adiantamos que pode ocorrer PREDICATIVO, tanto

no *predicado nominal* como no *verbo-nominal*, por meio de seus núcleos-
-nomes. Vejamos então:

Predicativo no predicado nominal

Na oração:

```
         sujeito                    predicado nominal
    ┌──────────────────────┐    ┌──────────────────┐
    │ Os benefícios da educação │    │ são inestimáveis. │
              ↓                          ↓
            núcleo                     núcleo
```

O predicado nominal *são inestimáveis* é assim chamado porque o seu núcleo (*inestimáveis*) é um nome-adjetivo que, além de encerrar a ideia principal, atribui qualidade ao núcleo do sujeito (*benefícios*). Então, o adjetivo *inestimáveis* denomina-se PREDICATIVO DO SUJEITO. O que vem a ser, afinal, predicativo do sujeito?

Podemos defini-lo assim: É a parte do predicado que atribui qualidade ou estado ao sujeito.

> **Observação:** Para um predicado ser nominal deve figurar nele, obrigatoriamente, um *verbo de ligação*, cuja única função é ligar o PREDICATIVO ao SUJEITO. Os principais verbos de ligação são:
> *Ser, estar, ficar, parecer, permanecer, andar, continuar, tornar-se,* etc.
>
> Os candidatos/ *estão*/ nervosos. Muitos criminosos/ *continuam*/ impunes.
>
> O vidro elétrico /*é* /automático. A lua cheia/ *parece*/ uma bolha de sabão.

> **Importante**
> 1. Alguns *verbos de ligação*, em contextos diferentes, podem ser transitivos ou intransitivos. Basta compará-los nos seguintes exemplos:
>
> O jogador virou fera no campo. (= ficou)
>   ↓   ↓
>   VL   pred. do sujeito

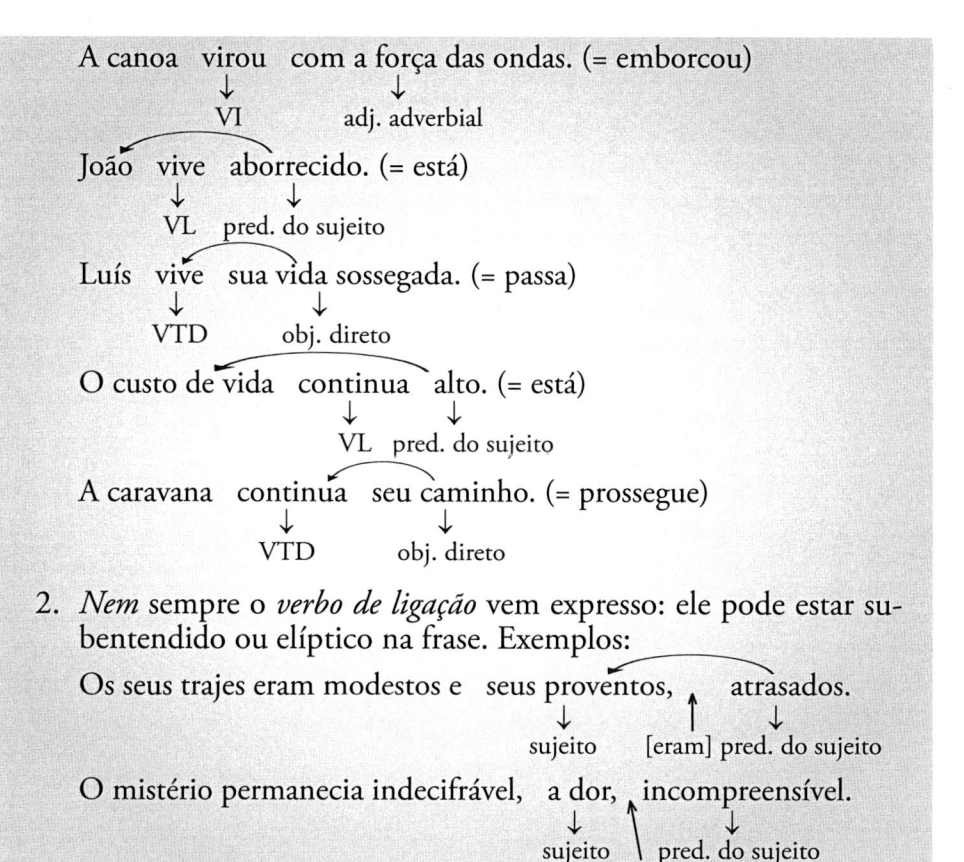

A canoa virou com a força das ondas. (= emborcou)
    ↓   ↓
   VI   adj. adverbial

João vive aborrecido. (= está)
   ↓ ↓
  VL pred. do sujeito

Luís vive sua vida sossegada. (= passa)
   ↓ ↓
  VTD obj. direto

O custo de vida continua alto. (= está)
       ↓ ↓
      VL pred. do sujeito

A caravana continua seu caminho. (= prossegue)
     ↓   ↓
    VTD obj. direto

2. *Nem* sempre o *verbo de ligação* vem expresso: ele pode estar subentendido ou elíptico na frase. Exemplos:

Os seus trajes eram modestos e seus proventos, atrasados.
            ↓   ↓
          sujeito [eram] pred. do sujeito

O mistério permanecia indecifrável, a dor, incompreensível.
              ↓   ↓
            sujeito pred. do sujeito
               [permanecia]

Constituição do predicativo

Várias classes de palavras podem funcionar como **predicativo**, exceto *artigo, preposição, conjunção* e *interjeição*.

Dessa forma, o **predicativo** pode ser constituído por um (a):

1. *substantivo*: O sol é uma *estrela*.
2. *adjetivo*: O réu permanecia *mudo*.
3. *expressão adjetiva*: Ela continua *sem dentes*. (= desdentada)
4. *pronome substantivo*: Hoje já és *alguém*.
5. *numeral*: Ângelo é o *primeiro* da lista.
6. *infinitivo*: Aprender é *mudar*.
7. *advérbio*: Estamos *bem* de finanças.
8. *pronome pessoal*: Eu não sou *você*.
9. *oração:* Meus votos são *que sejas feliz*.

Predicativo no predicado verbo-nominal

No predicado verbo-nominal, o **predicativo** pode ser do *sujeito* ou do *objeto*.

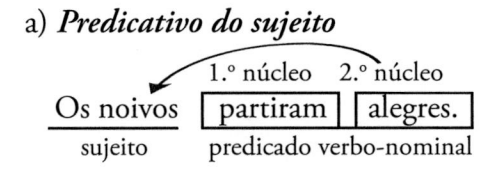

a) *Predicativo do sujeito*

```
                1.º núcleo   2.º núcleo
  Os noivos    | partiram |  | alegres. |
   sujeito      predicado verbo-nominal
```

Desdobrando o predicado verbo-nominal, vamos descobrir que o nome (adjetivo) *alegres* refere-se ao sujeito da oração, motivo por que o chamamos de *predicativo do sujeito*.

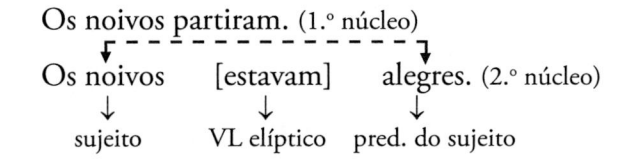

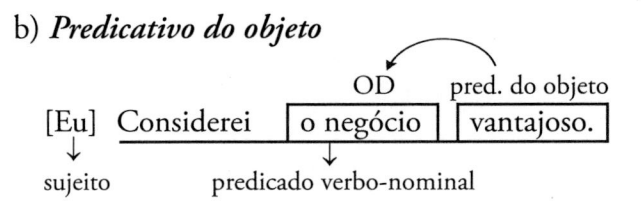

```
  Os noivos partiram. (1.º núcleo)
  Os noivos    [estavam]    alegres. (2.º núcleo)
   sujeito    VL elíptico   pred. do sujeito
```

b) *Predicativo do objeto*

```
                              OD         pred. do objeto
  [Eu]   Considerei     | o negócio |   | vantajoso. |
  sujeito            predicado verbo-nominal
```

O nome (adjetivo) *vantajoso* refere-se, claramente, ao objeto direto *negócio* e não ao sujeito elíptico *eu*. Denominamo-lo, por isso, *predicativo do objeto direto*, porque ele atribui qualificação, estado ou condição ao objeto direto *negócio*, estando o verbo de ligação (*ser*) subentendido: Considerei o negócio *ser* vantajoso.

Outro exemplo:

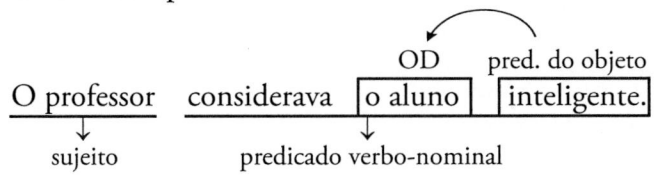

```
                             OD         pred. do objeto
  O professor   considerava | o aluno | | inteligente. |
   sujeito              predicado verbo-nominal
```

Desdobrando, temos:

O professor considerava *o aluno*. (objeto direto)

O aluno (era) inteligente. (predicativo do objeto direto)

O predicativo do objeto pode – raramente – referir-se a um *objeto indireto*. Na realidade, isso ocorre só com o verbo *chamar*.

Os colegas chamam-lhe (de) joão-teimoso.
↓ ↓
OI predicativo do objeto indireto

O *lhe* é objeto indireto, porque corresponde a *a ele*; a preposição *de* que, às vezes, introduz o predicativo é facultativa.

> ⚠️ **Atenção:** Os predicativos podem, por motivo de clareza ou ênfase, vir preposicionados. Nesses casos, não devem ser confundidos com o *objeto indireto*.

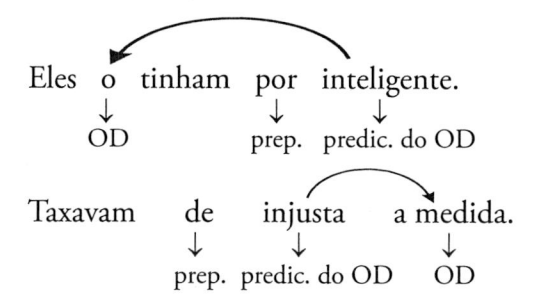

Eles o tinham por inteligente.
↓ ↓ ↓
OD prep. predic. do OD

Taxavam de injusta a medida.
↓ ↓ ↓
prep. predic. do OD OD

✍️ EXERCÍCIOS DE FIXAÇÃO

A. Identifique os *predicativos*, sublinhando-os:
   1. O réu está arrependido.
   2. A análise sintática parece difícil.
   3. A arquiteta continua sem problemas.

4. Meu desejo é que venças na profissão.
5. Todos ficamos aliviados.
6. O trânsito permanece caótico.
7. A criança corria indefesa. (verbo *ser* subentendido)
8. É saudável comer alimentos com fibras.
9. Meu sonho é viajar.
10. A lagarta virou borboleta.

B. Transcreva e classifique, nos espaços pontilhados, os predicativos das orações abaixo. Siga o modelo:

1. Todos consideram excelente o filme.
   excelente – predicativo do objeto direto *filme*.
2. Não se faça de esperto.
   ....
3. Tragam-no vivo ou morto.
   ....
4. Os esgrimistas pareciam tranquilos.
   ....
5. A sala foi encontrada em desordem.
   ....
6. O uso da droga é um suicídio lento.
   ....
7. O mágico deixou a plateia estupefata.
   ....
8. Os inimigos chamavam-lhe de traidor.
   ....
9. A juíza declarou o réu inocente.
   ....
10. Todos saíram satisfeitos da reunião.
    ....

TERMOS ACESSÓRIOS

Bem compreendidos os termos **essenciais** e **integrantes** da oração, vamos estudar os **termos acessórios**.

Chamamos esses termos de acessórios porque eles não são rigorosamente necessários à compreensão do enunciado. Eles servem simplesmente para *determinar, qualificar, especificar* e *modificar* outros termos.

Os *integrantes* são *complementos*, os *acessórios* são *adjuntos*. Podemos dizer que, assim como há complementos de nomes e verbos, também há *adjuntos* de nomes e verbos.

São três os adjuntos, como veremos em seguida.

ADJUNTO ADVERBIAL

É uma palavra ou expressão que modifica o *verbo*, o *adjetivo* ou o próprio *advérbio*.

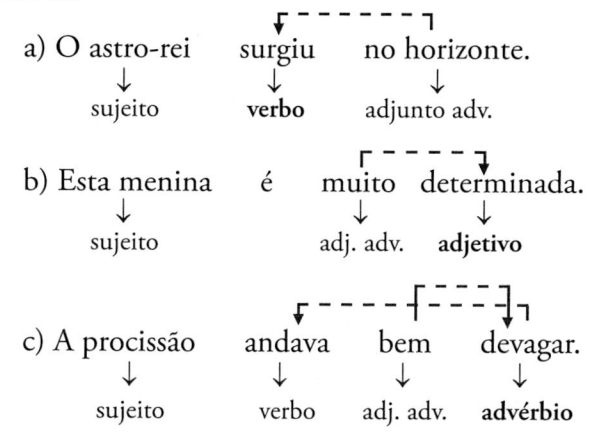

a) O astro-rei   surgiu   no horizonte.
   ↓   ↓   ↓
   sujeito   **verbo**   adjunto adv.

b) Esta menina   é   muito   determinada.
   ↓   ↓   ↓
   sujeito   adj. adv. **adjetivo**

c) A procissão   andava   bem   devagar.
   ↓   ↓   ↓   ↓
   sujeito   verbo   adj. adv. **advérbio**

Constituição do adjunto adverbial

O *adjunto adverbial* pode ser constituído por um(a):

1. *Advérbio* – Seguirei *amanhã*.
2. *Palavra adverbiada* – Meu coração pulsa *forte*. (isto é, *fortemente*).
   ... a cerveja que desce *redondo* (isto é, *redondamente*).
   O adjetivo *redondo* virou uma palavra adverbiada.

3. *Locução adverbial* – Ele entrou *com discrição* na sala de trabalho e ficou *em silêncio*.
4. *Substantivo* (regido de preposição) – Os perdedores tremiam *de raiva*, porque foram vencidos *sem piedade*.
5. *Pronome* – Venha *comigo* ao supermercado.
6. *Oração adverbial* – Não foi ao passeio *porque chovia*.

Classificação dos adjuntos adverbiais

Os adjuntos adverbiais, tanto os representados por palavras, como os representados por locuções, exprimem grande variedade de circunstâncias. Daí a grande quantidade de advérbios. Destacamos os principais advérbios de:

1. *Lugar* (onde): Moro *em Campo Grande*.
(aonde): Vou *a Veranópolis*.
(para onde): Fui *para Recife*.
(por onde): Passei *por Maceió*.
(donde): Cheguei *do Centro*.
2. *Tempo: Às onze horas,* encerramos a sessão.
A cavalhada partirá *cedo*.
3. *Modo:* Fale *corretamente* a sua língua.
Devagar se vai ao longe.
4. *Companhia*: Júlio César partiu *com todo o exército*.
Só jogo *com vocês*.
5. *Causa*: Fui ao Rio Quente *por conselho médico*.
Fui multado *por excesso de velocidade*.
6. *Instrumento ou meio*: "Quem *com ferro* fere, *com ferro* será ferido."
Viajei *de ônibus*.
7. *Intensidade*: O time ficou *muito* cansado.
As previsões são de *bastante* chuva.
8. *Afirmação*: Você, *efetivamente*, nada sabe do assunto.
9. *Dúvida: Talvez* eu viaje amanhã. *Porventura*, você virá me visitar?
10. *Negação: Não* há, no universo, duas coisas exatamente iguais.
11. *Matéria*: A casa foi construída *de alvenaria*.

12. *Preço*: O castelo foi avaliado *em cinquenta milhões de reais*.
13. *Finalidade*: Trabalhaste bem *em prol da Segurança Pública*.
14. *Oposição*: Devemos lutar *contra a discriminação racial*.

Adjunto adverbial X Objeto indireto

Como distinguir o *adjunto adverbial* do *objeto indireto*?

O **adjunto adverbial** pode se referir a um verbo; o **objeto indireto** sempre completa um verbo através de uma preposição. O adjunto adverbial, muitas vezes, também se liga ao verbo com auxílio de preposição. Então, como distingui-los?

Para facilitar a distinção, consideremos as orações seguintes, bem como as devidas explicações:

1. [Eu]   Voltei   da praia. (De onde voltei?)
    ↓   ↓   ↓
    S   VI   adj. adv. de lugar.

Explicação:

O verbo *voltar* do exemplo é *intransitivo*, isto é, tem sentido completo, não precisa do complemento verbal (objeto indireto), que é termo integrante; aceita, se muito, um adjunto adverbial, que é termo acessório e cuja única função é *modificar* o verbo, jamais completá-lo. Portanto, *da praia* é apenas **adjunto adverbial de lugar** que *modifica* o verbo como termo acessório.

2. A camareira   abriu   o quarto   com a chave. (Abriu com quê?)
    ↓   ↓   ↓   ↓
    sujeito   VTD   OD   adj. adv. de instrumento

Explicação:

Agora o verbo *abrir* do exemplo é *transitivo direto* (Abriu o quê?) e tem sentido incompleto, reclamando o **objeto direto** *o quarto* para que lhe integre o sentido. O termo *com a chave* não completa o sentido do verbo, mas simplesmente o *modifica*, especificando o instrumento com que a camareira abriu o quarto: é apenas um termo acessório, **adjunto adverbial de instrumento**, introduzido por uma preposição.

3. A Amazônia   ainda   pertence   ao Brasil. (Pertence a quem?)
   ↓   ↓   ↓
   sujeito   VTI   OI

Explicação:

Aqui o verbo *pertencer* é **transitivo indireto**, portanto exige um **objeto indireto** para ter o seu sentido integrado. O termo *ao Brasil* (objeto indireto) é termo integrante e não indica nenhuma das circunstâncias relacionadas na classificação do adjunto adverbial.

APLICAÇÃO PRÁTICA

Pontuação (1) e Crase (2)

1. A correta identificação do **adjunto adverbial** é essencial para a aplicação de uma regra de pontuação: quando é deslocado de sua posição normal – final da frase – está sujeito a ser seguido de vírgula:

A cigarra morre de frio e de fome *no inverno*.

Deslocando o adjunto adverbial *no inverno* para o início da frase, ou para o seu miolo, provocam-se vírgulas:

No inverno, a cigarra morre de frio e de fome.

A cigarra, *no inverno*, morre de frio e de fome.

2. Aqui se aplica também uma regra relativa ao uso do **acento indicativo de crase**: toda locução adverbial feminina que iniciar com a preposição **a** é caso de crase: à noite, à tarde, à esquerda, à direita, às claras, às escuras, às ocultas, à vista, às dez horas, à guisa de, às alturas, à míngua, à risca, à revelia,

às cegas, às segundas-feiras, à toa, à boca pequena, às braçadas, às pressas, à vontade, às vezes, à força, à francesa, etc.

A atenção ao significado é importante: observe que a retirada do acento grave retira das expressões a condição de *locução adverbial*, transformando-as em *expressões substantivas*. Exemplo: *À noite* (= durante a noite); *a noite* (= período que se segue ao dia).

EXERCÍCIOS DE FIXAÇÃO

A. Sublinhe os *adjuntos adverbiais* com um traço e circule os *objetos indiretos*:
1. O coordenador precisa de ti, sem dúvida.
2. O sucesso do aluno depende dele mesmo.
3. Através da neblina, mal se coava a luz do sol.
4. Perto da nossa casa, do lado de lá da serra, há uma linda manhã.
5. Meu vizinho fala muito bem o francês.
6. Dedicou-se, por completo, à educação da juventude.
7. Todos gostam de pratos suculentos.
8. Os devotos de sempre assistiam aos ofícios divinos.
9. A inveja mata lentamente o invejoso.
10. Hoje saí de casa por último.

B. Classifique os adjuntos adverbiais destacados nas orações abaixo:
1. Henrique estuda *para o futuro*. ....
2. A viagem *com meu pai* foi gratificante. ....
3. Meu irmão vendeu *mal* sua casa. ....
4. Dirigir *sem pressa* evita acidentes. ....
5. Ele fala e escreve *corretamente*. ....
6. A prova do concurso foi *muito* difícil. ....
7. Cheguei de *manhãzinha* no povoado. ....
8. *Talvez* seu amigo chegue *à tarde*. ....
9. Este prefeito falou *às claras*. ....
10. Não falo inglês, *tampouco* francês. ....

ADJUNTO ADNOMINAL

É o termo que *determina, especifica* ou *qualifica* o substantivo pertencente ao sujeito ou ao predicado. Tomemos como exemplo a seguinte oração:

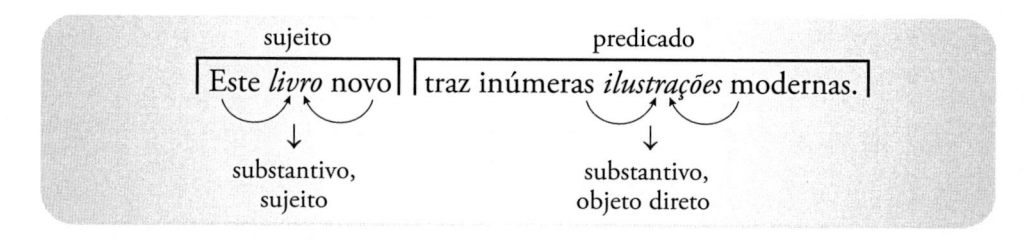

```
        sujeito              predicado
    Este livro novo    traz inúmeras ilustrações modernas.
           ↓                        ↓
       substantivo,             substantivo,
        sujeito                  objeto direto
```

Como vemos, o núcleo do sujeito é o substantivo *livro* e o núcleo do objeto direto é *ilustrações*. Cada núcleo se faz acompanhar de outros termos, que os caracterizam convenientemente, acrescentando-lhe uma qualidade ou determinando-o:

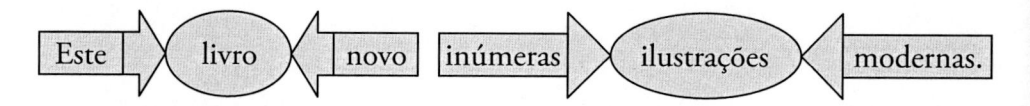

```
Este → livro ← novo    inúmeras → ilustrações ← modernas.
```

Podemos, então, analisar assim a oração:
Sujeito: Este livro novo.
Núcleo do sujeito: livro.
Adjuntos adnominais do sujeito: este, novo.
Objeto direto: inúmeras ilustrações modernas.
Núcleo do objeto direto: ilustrações.
Adjuntos adnominais do objeto direto: inúmeras, modernas.

Podem exercer a função de adjunto adnominal:

a. *Artigo: Os* longos discursos fatigam *o* auditório.

b. *Adjetivo:* O sol *forte* inquietava o cavalo *fogoso*.

c. *Pronome adjetivo: Teus* olhos, *aqueles* trigais, *qualquer* jogo, *cada* dia.

d. *Numeral adjetivo: Dois* gatos, *dez* meses, *terceiro* lugar.

e. *Locução adjetiva* (que além de *qualidade*, pode denotar *posse* ou *especificação*): O computador *de Mariane*, a porta *de ferro*.
    (posse)   (especificação)

f. *Substantivo adjetivado:* Pau *marfim*.

> **Observação:** Funcionam, ainda, como adjuntos adnominais os pronomes átonos *me, te, se, lhe, nos* e *vos*, quando equivalem aos possessivos *meu, teu, seu, dele, nosso* e *vosso*.
>
> Quebraram-*me* os dentes (= Quebraram os *meus* dentes).
> Louvei-*lhe* a atitude (= Louvei a atitude *dele*).

Adjunto adnominal x Complemento nominal

Importante

Como distinguir o *adjunto adnominal* do *complemento nominal*?

Muitas vezes, não sabemos se o termo que aparece junto ao *nome* regido de preposição é simples **adjunto adnominal** (mero termo *acessório*, perfeitamente *dispensável*, não necessário, uma vez que exerce simples função adjetiva de nomes que não necessitam ser completados), ou se é **complemento nominal** (parte integrante do nome, portanto indispensável à sua integridade semântica).

Exemplos:
1. Ela comprou um brinco *de ouro*.
    De ouro é, aqui, **adjunto adnominal**, porque o nome (substantivo) *brinco*, por ser de significação completa, não reclama complemento,

que lhe venha integrar o sentido. O substantivo *brinco* aceita, tão somente, um termo que *qualifique* ou *especifique*, pois se dissermos "ela comprou um brinco", já teremos formado uma oração de sentido completo.

2. O esporte radical leva ao desprezo *do perigo*.

    O termo *do perigo*, na frase, é **complemento nominal**, pois o nome (subst.) *desprezo*, por ser de significação incompleta, não dispensa, de forma alguma, o termo *do perigo*.
    Por outro lado, o verbo correspondente ao nome *desprezo* é *desprezar* (VTD). Ora, quem despreza, despreza algo. É um verbo que reclama complemento verbal, isto é, um *objeto direto*. Então, *desprezo* é um nome que reclama **complemento nominal**.

3. Tenho medo de *doença contagiosa*.

    De doença contagiosa também é **complemento nominal**, uma vez que *medo* é um nome de sentido incompleto. Quem tem *medo*, tem *medo de algo* (CN).

4. Teresa é uma menina *de brio*.

    De brio (= briosa) é **adjunto adnominal**, pois *menina* é um nome que não necessita ser completado. Adjunto (a palavra já o expressa) é uma palavra ou expressão que está junto ao nome, ora *qualificando-o*, ora *especificando-o*, mas nunca completando-o.

APLICAÇÃO PRÁTICA

Concordância nominal

Assim como há relação de concordância do verbo com o sujeito (concordância verbal, assunto abordado nas páginas 109-113), também os nomes têm relação de concordância entre si (concordância nominal). A concordância nominal abrange as seguintes classes gramaticais: adjetivo, pronome, artigo, numeral e advérbio.

Regra geral: Adjetivo, pronome, artigo e numeral, classes gramaticais que só existem para servir o substantivo, sempre concordam com o substantivo ou pronome a que se referem:

- ✓ Era uma *boa mulher*.
- ✓ É a opinião de *algumas pessoas*.
- ✓ *Os bons alunos* sempre se destacam.
- ✓ *A primeira turma* se formou no ano passado.

Já o advérbio é sempre invariável:

- ✓ Elas estavam *muito* nervosas.
- ✓ As candidatas desfilaram *meio* atrapalhadas.
- ✓ A bebida que desce *redondo*.
- ✓ Estava se sentindo *mal*.
- ✓ Ela não sabia nada *mesmo*. (=realmente)
- ✓ *Só* elas estavam no sacrifício.

Como se pode deduzir dos exemplos acima, é essencial distinguir o advérbio das demais classes gramaticais, em especial do adjetivo e de alguns pronomes, com quem aquele pode ser confundido. O detalhamento dos casos particulares de concordância nominal está na 4.ª parte deste livro (p. 113).

EXERCÍCIOS DE FIXAÇÃO

A. Sublinhe os *adjuntos adnominais* das seguintes orações:

1. Os primeiros anos de vida foram tranquilos.
2. "Um sorriso estúpido passou pelas faces estúpidas de alguns circunstantes." (Alexandre Herculano)
3. "A voz do povo tem alguma coisa de divino." (Bacon)
4. O discurso do deputado foi muito aplaudido.
5. Um aro de esmeraldas prendia seus lindos cabelos louros.
6. Um canteiro com flores foi pisado pelos meninos de rua.
7. A forte pressão da tábua esmagou-te o dedo.
8. Um largo sorriso ilumina-lhe o rosto avermelhado.

9. Aqueles cabelos negros e crespos cobriam-lhe a cabecinha de criança esperta.
10. Três veículos blindados foram detidos pela polícia.

B. Sublinhe com um traço os *adjuntos adnominais* e circule os *complementos nominais*:
1. A visita do padrinho encheu-me o coração de alegria.
2. Recebi de presente dois livros de poemas.
3. A história do Brasil é cheia de emocionantes episódios.
4. No fundo, ela estava ciente de tudo.
5. A descoberta de ouro no sertão brasileiro trouxe para o Brasil muitas levas de aventureiros portugueses.
6. Adquiri aquela casa de alvenaria.
7. A prova do concurso é passível de revisão.
8. Hoje, o conserto de um automóvel é caro.
9. Um sorriso de infinita alegria transfigurou-lhe o rosto desbotado.
10. Durante os primeiros trinta minutos, meu time foi líder absoluto.

APOSTO

É o termo da oração que *explica, resume, enumera, especifica* ou *atribui qualidade* a um outro nome. Geralmente, tem por base um substantivo ou equivalente.

Tipos de aposto

[Explica]   O renque de cataventos, *nova alternativa energética*, enfeita a paisagem de Osório. (Aposto explicativo)
[Resume]   Roupas, alimentos, materiais, *tudo* serve para os desabrigados. (Aposto resumidor)
[Enumera]   O Brasil tem quatro fontes energéticas: *petróleo, álcool, óleo vegetal* e *calor solar*. (Aposto enumerativo)
[Especifica] Meu amigo *Felipe* é um cara legal. (Aposto especificativo)

> ⚠️ **Atenção!** Neste último exemplo, não figura a marca essencial do aposto: a pausa. Portanto, este tipo de aposto não vem separado por sinal de pontuação (a vírgula).

[Atribui]   Os alunos, *satisfeitos*, liam na biblioteca. (Aposto predicativo)

Duas observações

1. O aposto pode ser constituído por uma oração: oração apositiva (como estudaremos mais adiante).
   Ex.: Uma coisa lhe prometo: *tudo será esclarecido*.

2. O aposto também pode vir precedido de *como, a saber, convém* ou expressões semelhantes:
   Convém desenvolver duas habilidades básicas, *a saber:* leitura e redação.
   O professor, *como* exemplo para os alunos, deve ter ética profissional.

APLICAÇÃO PRÁTICA

Pontuação (2)

Aqui também se aplica uma importante norma de pontuação: o aposto figura entre *vírgulas*, entre travessões ou é precedido de *dois-pontos*:

- ✓ O renque de cataventos, *nova alternativa energética*, enfeita a paisagem de Osório.
- ✓ Os alunos, *satisfeitos*, liam na biblioteca.
- ✓ O Brasil tem quatro fontes energéticas: *petróleo, álcool, óleo vegetal e calor solar*.
- ✓ O vinho – *produto saudabilíssimo* – deve ser consumido com moderação.

TERMO INDEPENDENTE: VOCATIVO

É um termo de natureza exclamativa. É empregado para chamar (do lat. *vocare*) o ser ao qual nos dirigimos. O vocativo é de fácil reconhecimento, porque sempre admite o uso da interjeição "ó", antes dele, sem alterar o sentido da frase.

Exemplo: *Rapaz*, vem cá! → *Ó rapaz*, vem cá!

O vocativo (com interjeição ou sem interjeição) nem sempre inicia a frase: pode terminá-la ou intercalar-se nela.

- Voltemos ao nosso assunto, *garotos!*
- *Meus senhores*, está encerrada a sessão.
- Não vá de novo, *Antônio;* sua vida corre perigo.

Aposto X Vocativo

Importante

1. Não podemos confundir *vocativo* com *sujeito*. No verso "Pai, afasta de mim esse cálice" (Chico Buarque), o sujeito está subentendido ou implícito na desinência verbal *afasta* [tu] – 2.ª pessoa do singular do imperativo afirmativo. Tanto o *sujeito* como o *vocativo* se referem à mesma pessoa.

2. Não podemos confundir também *vocativo* com *aposto*. O *vocativo* chama, invoca:

    "*Guerreiros*, não coro
    Do pranto que choro." (G. Dias)

    O *aposto* explica, enumera, etc. (aceita artigo):

    Joaquim José da Silva Xavier, *o Tiradentes*, morreu pela pátria.

APLICAÇÃO PRÁTICA

Pontuação (3)

A identificação do *vocativo* é essencial para o correto emprego da pontuação, já que o vocativo precisa ser isolado por vírgula:

- ✓ *Rapaz,* vem cá.
- ✓ Voltemos ao nosso assunto, *garotos!*
- ✓ *Meus senhores,* está encerrada a sessão.
- ✓ Desperta, *Brasil!*

Quando situado no início da frase, a vírgula pode ser substituída por dois-pontos:

- ✓ *Meus senhores:* está encerrada a sessão.

A vírgula mais sonegada é exatamente a do vocativo. Sua omissão é comum, denotando dificuldade na identificação deste termo da oração. Exemplos:

- ✓ Vota Brasil (certo: Vota, Brasil).
- ✓ Fala Brasil (certo: Fala, Brasil).

A vírgula do vocativo é necessária também para a preservação do sentido que se quer expressar. Provas disso são os exemplos a seguir. Compare os significados das frases e observe como as vírgulas são importantes:

- ✓ *Estou bem, mãe.*
- ✓ *Ave, Maria, cheia de graça, ...*
- ✓ *Bota pra quebrar, Brasil.*
- ✓ *Papa, Paulo.*
- ✓ *Toca, minha amiga.*
- ✓ *Não engorde demais, meu filho.*
- ✓ *Vamos comer, gente!*
- ✓ *Cheguei, querida.*

- ✓ *Estou bem mãe.*
- ✓ *Ave Maria, cheia de graça, ...*
- ✓ *Bota pra quebrar Brasil.*
- ✓ *Papa Paulo.*
- ✓ *Toca minha amiga.*
- ✓ *Não engorde demais meu filho.*
- ✓ *Vamos comer gente!*
- ✓ *Cheguei querida.*

EXERCÍCIOS DE FIXAÇÃO

A. Sublinhe com um traço os *apostos* e circule os *vocativos:*

1. "Ó mar, por que não apagas,
   Com a esponja de tuas vagas,
   Do teu manto este borrão?" (C. Alves)

2. "Astros!, noites!, tempestades!
   Rolai das imensidades!
   Varrei os mares, tufão!" (Idem)

3. Tu, Pilatos, antepuseste a amizade de César à graça de Deus.

4. "Meu canto de morte, guerreiros, ouvi!" (Gonçalves Dias)

5. Homem de pouca fé, por que deixaste teus filhos sem a luz da ciência?

6. Carlos Gomes, glória da música brasileira, escreveu uma ópera imortal – *O Guarani*.

7. Fulguras, ó Brasil, florão da América..."

8. "Ó naus felizes, que do mar vago
   Volveis enfim ao silêncio do porto..." (Fernando Pessoa)

9. *O Alienista*, conto de Machado de Assis, está sendo vertido em História de Quadrinhos.

10. O poema *Canção do Exílio* foi escrito por Gonçalves Dias.

B. Introduza na oração a expressão que está entre parênteses e que funcione como *aposto*:

1. Meu avô anda muito bem de saúde. (Lucas)
   ....

2. Cantos, músicas, discursos, saudações ocorreram no dia de minha formatura. (tudo)
   ....
   ....

3. O trem-bala ligará três cidades brasileiras (Campinas, São Paulo, Rio de Janeiro).
   ....
   ....

4. Guimarães Rosa retratou a realidade essencial de nosso país. (ícone de engenho e arte).
   ....
   ....

5. Palmeira dos Índios foi administrada por Graciliano Ramos (cidade alagoana).
   ....
   ....

6. Amanhã, não poderei ir à reunião. (domingo)
   ....

7. Guimarães Rosa dizia que "tudo o que é bom faz mal e bem". (autor de *Tutameia*)
   ....
   ....

8. O jaguar e o falcão destroem seus inimigos. (senhor das florestas / senhor das nuvens)
   ....
   ....

3.ª parte
Do período e suas orações

Os mestres da língua ensinam a dar vida às palavras, a dispô-las com desenvoltura e elegância; a análise sintática, essa fica na dissecação lógica, fria, dos períodos e das orações.
(Celso Pedro Luft)

PERÍODO SIMPLES E PERÍODO COMPOSTO

Como vimos na 1.ª parte, a frase que vier enunciada com um ou mais verbos, ao fazermos sua análise, leva o nome de *período*.

Período, pois, é constituído de uma ou mais orações que dão ao enunciado um sentido completo. Quando o enunciado é constituído de uma só oração – oração absoluta –, o período é *simples*.

✓ A lua *é* o símbolo da saudade.
(Um verbo, uma só declaração → *período simples*).
✓ Os grandes pensamentos *procedem* do coração.
(Um verbo, uma só oração → *período simples*).

Quando, porém, o enunciado for constituído de duas ou mais orações, será chamado de *composto*.

✓ A sorte *faz* os parentes e a escolha *faz* os amigos.
(Dois verbos, duas orações independentes → *período composto por coordenação*).
✓ *Sei* que *chegarei* lá, embora o caminho *seja* longo.
(Três verbos, uma oração principal, duas subordinadas → *período composto por subordinação*).
✓ *Estudo* e *pesquiso* muito porque *gosto*.
(Três verbos, duas orações independentes e uma subordinada → *período composto por coordenação e subordinação*).

Vejamos, a seguir, como se classificam as orações que constituem o período.

CLASSIFICAÇÃO DAS ORAÇÕES

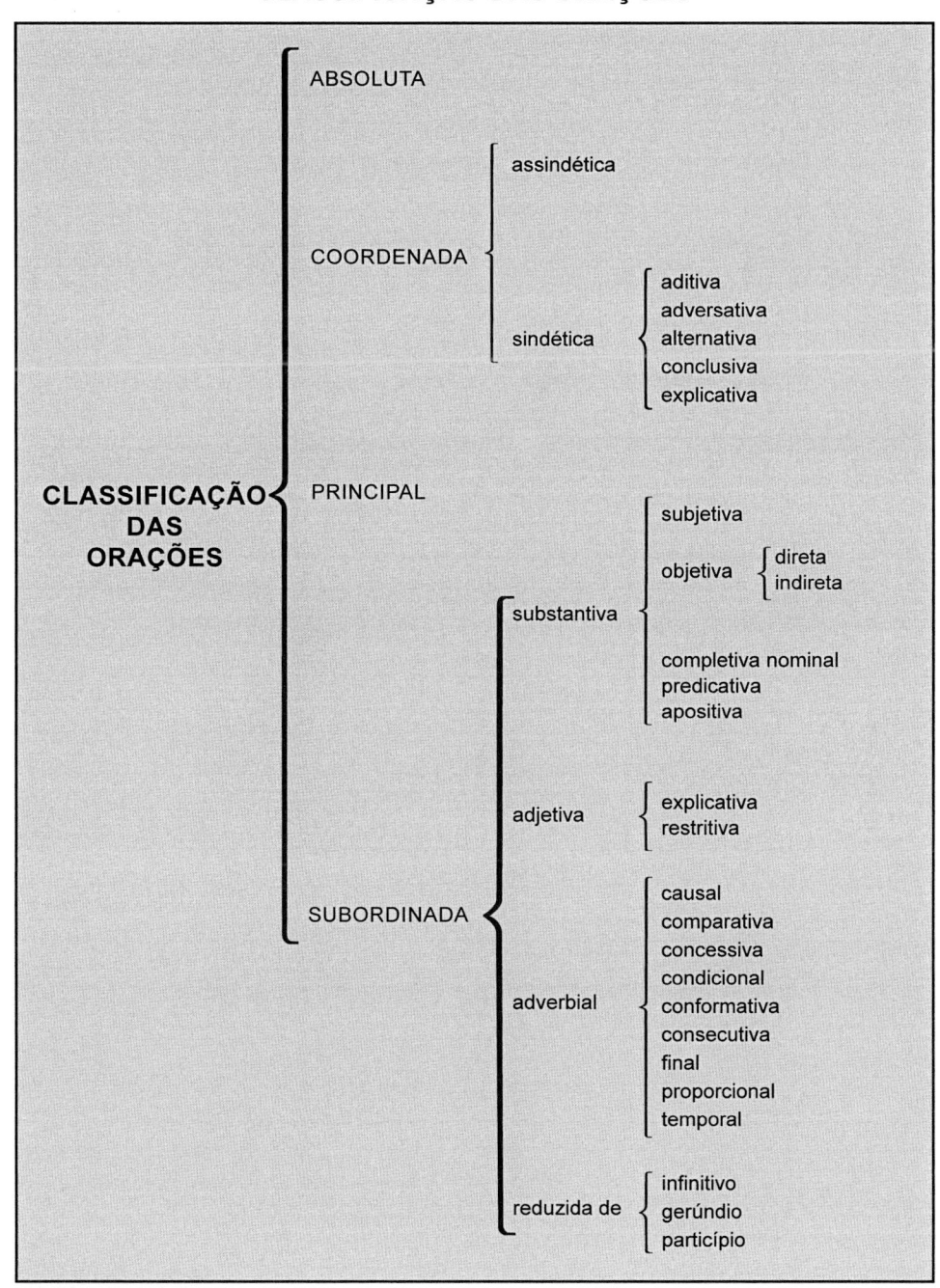

CLASSIFICAÇÃO DAS ORAÇÕES
- ABSOLUTA
- COORDENADA
  - assindética
  - sindética
    - aditiva
    - adversativa
    - alternativa
    - conclusiva
    - explicativa
- PRINCIPAL
- SUBORDINADA
  - substantiva
    - subjetiva
    - objetiva
      - direta
      - indireta
    - completiva nominal
    - predicativa
    - apositiva
  - adjetiva
    - explicativa
    - restritiva
  - adverbial
    - causal
    - comparativa
    - concessiva
    - condicional
    - conformativa
    - consecutiva
    - final
    - proporcional
    - temporal
  - reduzida de
    - infinitivo
    - gerúndio
    - particípio

Quadro sinótico 2

ORAÇÃO ABSOLUTA

Oração absoluta é a que, por si só, constitui um período ao qual chamamos de PERÍODO SIMPLES.

Na segunda parte de nosso livro, onde analisamos os *termos da oração*, servimo-nos, naturalmente, de *períodos simples*; em outras palavras, de *orações absolutas*. Eis aqui outro exemplo:

Segundo os astronautas, o planeta Terra *é* azul. (Uma só declaração, um só verbo → oração absoluta).

COMO DISTINGUIR COORDENAÇÃO DE SUBORDINAÇÃO?

O processo é de **coordenação** quando uma oração não depende da(s) outra(s), seja em relação à estrutura, seja em relação ao significado. Ex.: "O sábio cala, o mediano fala, o ignorante grita". As orações que constituem esse período não têm relação de dependência entre si. As três teriam sentido isoladamente e sua estrutura seria correta. Portanto, elas apenas se relacionam, se coordenam, daí **coordenação**. É por isso que no processo de coordenação não há oração principal. Não há relação de hierarquia, pois as orações se equivalem.

Já no processo de **subordinação,** uma oração depende da(s) outra(s); pelo menos uma delas não existiria sem a outra, havendo, portanto, relação de dependência, de **subordinação.** Ex.: Cultivo o entusiasmo porque faz render mais. A oração *porque faz render mais* não sobreviveria sem a outra (*cultivo o entusiasmo*). A subordinada depende da principal, subordina-se a ela. Há, portanto, uma relação de hierarquia.

Ocorrendo os dois – coordenação e subordinação –, o processo é chamado de coordenação e subordinação.

Ex.: Fui ao teatro / e descobri / que a peça era excepcional.
        ↓   ↓   ↓
  or. coord.   or. coord.   or. subordinada

PERÍODO COMPOSTO POR COORDENAÇÃO

O período composto por coordenação, como já sabemos, é constituído de *orações coordenadas*. Como dissemos acima, na coordenação não há relação de dependência entre as orações. Uma independe da(s) outra(s).

A oração coordenada, dentro do período, vem relacionada ou ligada a outra de igual função, de hierarquia igual. Em outras palavras, as coordenadas são independentes entre si quanto ao seu sentido.

Orações coordenadas sindéticas e assindéticas

Quando o *conectivo* (a conjunção) que as une vem *claro* (expresso), as orações se dizem **coordenadas sindéticas**; quando, porém, o conectivo está *oculto*, denominam-se orações **coordenadas assindéticas, isto é, não sindéticas.**

Exemplos de *orações coordenadas sindéticas*:

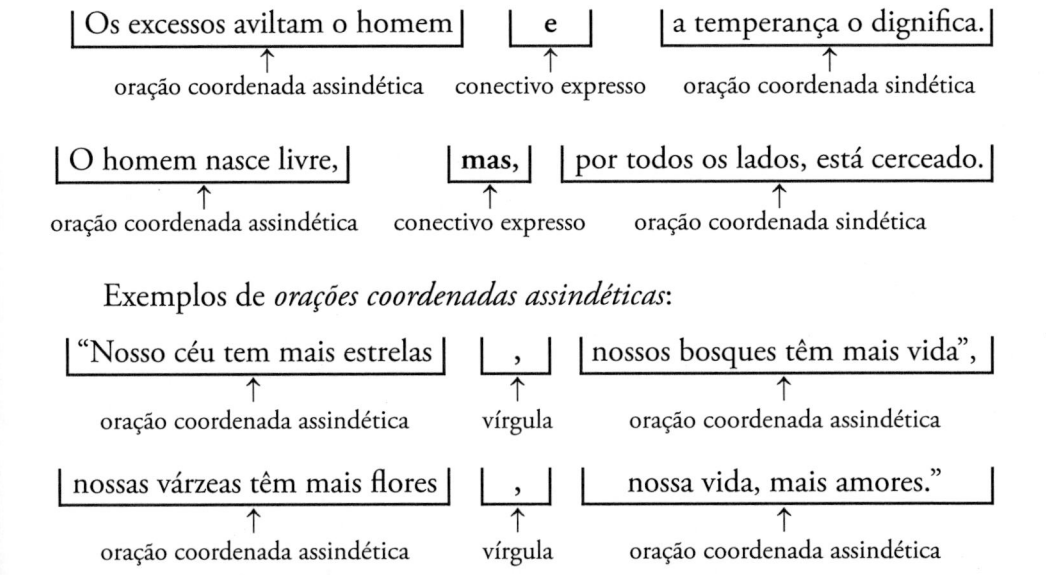

| Os excessos aviltam o homem | **e** | a temperança o dignifica. |

oração coordenada assindética — conectivo expresso — oração coordenada sindética

| O homem nasce livre, | **mas,** | por todos os lados, está cerceado. |

oração coordenada assindética — conectivo expresso — oração coordenada sindética

Exemplos de *orações coordenadas assindéticas*:

| "Nosso céu tem mais estrelas | , | nossos bosques têm mais vida", |

oração coordenada assindética — vírgula — oração coordenada assindética

| nossas várzeas têm mais flores | , | nossa vida, mais amores." |

oração coordenada assindética — vírgula — oração coordenada assindética

Como vemos, as orações *assindéticas*, em vez de virem ligadas por conjunção, vêm separadas somente por vírgula.

Conjunções coordenativas e orações coordenadas sindéticas

A palavra que liga as orações coordenadas sindéticas denomina-se *conjunção coordenativa*. Como as orações sindéticas recebem o nome das conjunções coordenativas que as ligam entre si, é lógico e até didático que façamos o estudo simultâneo da *conjunção* e da *oração*.

De acordo com a ideia que exprimem, as conjunções agrupam-se nas seguintes classes:

1. **Conjunções coordenativas aditivas** (ligam ou aproximam, simplesmente, duas orações): *e, nem, também, bem como, que* (= e), *mas também*.

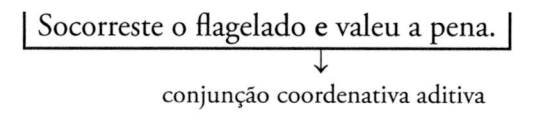

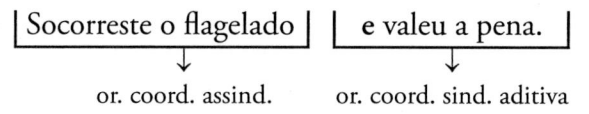

   | Socorreste o flagelado e valeu a pena. |
   ↓
   conjunção coordenativa aditiva

   | Socorreste o flagelado | | e valeu a pena. |
   ↓   ↓
   or. coord. assind.   or. coord. sind. aditiva

2. **Conjunções coordenativas adversativas** (ligam orações de sentido adverso ou contrário): *mas, porém, todavia, contudo, entretanto, senão, no entanto,* etc.

   | "As eleições mudam os governos, **todavia** não os reformam." (Rui Barbosa) |
   ↓
   conjunção coordenativa adversativa

   | "As eleições mudam os governos, | | **todavia** não os reformam." |
   or. coord. assind.   or. coord. sind. adversativa

3. **Conjunções coordenativas alternativas** (ligam orações que apresentam ações ou estados que se revezam ou alternam): *ou...ou, já...já, ora...ora, quer...quer, seja...seja,* etc.

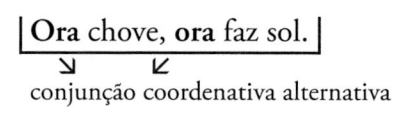

   | **Ora** chove, **ora** faz sol. |
   ↘   ↙
   conjunção coordenativa alternativa

   | **Ora** chove, | | **ora** faz sol. |
   or. coord. sind. alternativa   or. coord. sind. alternativa

4. **Conjunções coordenativas conclusivas** (ligam orações das quais a segunda exprime uma conclusão do que é afirmado na primeira): *logo, pois, portanto, por conseguinte,* etc.

"Penso, **logo** existo."
↓
conjunção coordenativa conclusiva

| "Penso, | **logo** existo." |
| or. coord. assind. | or. coord. sind. conclusiva |

5. **Conjunções coordenativas explicativas** (iniciam a oração destinada a esclarecer ou a explicar o sentido da anterior): *que, pois, porque, portanto, por exemplo, com efeito, demais a mais,* etc.

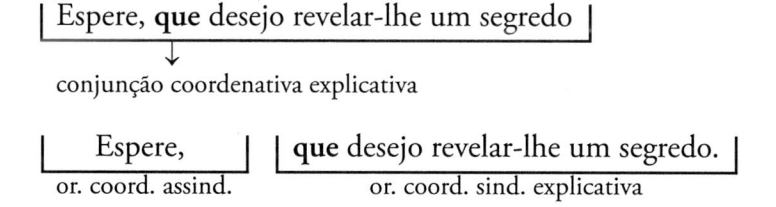

Espere, **que** desejo revelar-lhe um segredo
↓
conjunção coordenativa explicativa

| Espere, | **que** desejo revelar-lhe um segredo. |
| or. coord. assind. | or. coord. sind. explicativa |

APLICAÇÃO PRÁTICA

Pontuação (4)

Observando as orações coordenadas acima, verifica-se que todas elas estão separadas por vírgula, exceto as aditivas.

- ✓ *"Nosso céu tem mais estrelas, nossos bosques têm mais vida."* (Coordenadas assindéticas)
- ✓ *"As eleições mudam os governos, todavia não os reformam."* (Coordenada adversativa)
- ✓ *Ora chove, ora faz frio.* (Coordenada alternativa)
- ✓ *"Penso, logo existo."* (Coordenada conclusiva)
- ✓ *Espere, que desejo revelar-lhe um segredo.* (Coordenada explicativa)

Portanto, apenas a coordenada sindética aditiva não é separada por vírgula, já que o e aditivo substitui a vírgula. As demais vírgulas – de intercalação e de deslocamento –, o e não as substitui; usamos tanto a *vírgula* como a *conjunção*:

- ✓ *Jorge Pinto, presidente, e Tiago Silveira, secretário, compareceram.*

Modo prático de separar as orações de um período

1. Sublinhe todos os *verbos, locuções verbais ou formas nominais* (infinitivo, particípio e gerúndio) que figurarem no período.
2. Assinale os *conectivos* e, na falta de um deles, atenda ao sinal de pontuação que o substitui.
3. Coloque marcos de separação (/) entre cada oração.

Veja o exemplo, na estrofe do poema:

"A noite <u>desce</u>, / lentas e tristes
<u>Cobrem</u> as sombras a serrania, /
<u>Calam</u>-se as aves, / <u>choram</u> os ventos, /
<u>Dizem</u> os gênios: Ave, Maria!" (Casimiro de Abreu)

Logo, o período em apreço compõe-se de cinco orações, pois cinco são os verbos assinalados. Todas elas são coordenadas assindéticas, já que os quatro *conectivos* que as deveriam ligar estão substituídos por quatro vírgulas.

Saiba, também, agrupar em torno de cada verbo (núcleo do predicado) e de cada nome (núcleo do sujeito) os termos que realmente os acompanham.

Assim, na 2.ª oração dos versos de Casimiro de Abreu, os termos *lentas e tristes* não acompanham o verbo *desce*, mas sim o verbo *cobrem*, uma vez que, colocando na ordem direta a segunda oração, teremos *as sombras cobrem lentas e tristes a serrania*.

A análise interna dessa oração é, pois, a seguinte:

Sujeito, simples: *as sombras*; núcleo do sujeito: *sombras*; adjunto adnominal de *sombras: as*.

Predicado, verbo-nominal: *lentas e tristes cobrem a serrania*; núcleos do predicado: *cobrem, lentas* e *tristes;* o verbo *cobrir* é verbo transitivo direto; objeto direto: *a serrania;* adjunto adnominal de *serrania: a;* predicativos do sujeito: *lentas* e *tristes*.

EXERCÍCIOS DE FIXAÇÃO

A. Classifique, nas linhas pontuadas, as orações coordenadas em negrito nos períodos seguintes:

1. "O covarde nunca tenta, o fracassado nunca termina **e o vencedor nunca desiste.**" (N. V. Peale)
   Oração coordenada sindética aditiva.

2. A escola, foco de luz radiante, ora é cotovia melodiosa, **ora é centelha de revoluções.**
   ....

3. A fortuna, eu a trago na mente; não a roubarão os ladrões, **nem a levarão as torrentes.**
   ....

4. Os açorianos, com o seu pioneirismo histórico, povoaram o Porto dos Casais; **tributemos-lhes, portanto, a imorredoura gratidão.**
   ....

5. Aperfeiçoemos o nosso idioma, **porque ele é o mais sagrado laço de nossa nacionalidade.**
   ....

6. Evite os ruidosos e agressivos, **pois eles são sempre um aborrecimento.**
   ....

7. "O mundo é redondo, **mas está ficando chato.**" (Barão de Itararé)
   ....

8. O ministro divulgou a ampliação do seguro-desemprego, **todavia não apresentou outras alternativas.**
   ....

9. De manhã, acordo, **esfrego os olhos**, saio da cama e vou me lavar.
   ....

10. Não corra, **porque a estrada está cheia de buracos.**
    ....

B. Nas linhas pontuadas, denomine as *orações coordenadas* em destaque.

   A criança caiu, **mas não se machucou.** ....

   Não foram à reunião, **nem se fizeram representar.** ....

   A estrada **ora passava por montes, ora se alongava pela planície.**
   ....

   Ela é muito estudiosa; **deve, portanto, ser recompensada**..................

   Não leia no escuro, **que faz mal à vista.**..

C. Complete os períodos abaixo com uma das conjunções do retângulo. Depois, classifique as orações coordenadas nos parênteses. Siga o modelo:

   | Portanto, ora... ora, pois, porém, que, mas, e, ou... ou, todavia, logo |

   1. Todos colaboraram na campanha, **logo** os objetivos foram alcançados. (*oração coordenada sindética conclusiva*)
   2. A poluição da água é alarmante, _____ medidas saneadoras se impõem. (_____)
   3. Não te lamuries, _____ ; o pessimismo aumenta os teus males. (_____)
   4. Aguarde, _____ o futuro lhe trará agradáveis surpresas. (_____)
   5. _____ cuidamos de nosso Planeta, _____ morreremos com ele. (_____)
   6. O trem-bala _____ passa viadutos, _____ atravessa túneis. (_____)
   7. Dou a notícia, _____ você fica calado? (_____)
   8. Passei no exame do ENEM, _____ não venci na prova do Vestibular. (_____)
   9. Você gosta daquela garota, _____ ela não se interessa por você. (_____)
   10. O time jogou bem, _____ sofreu uma goleada humilhante. (_____)

PERÍODO COMPOSTO POR SUBORDINAÇÃO

Todo *período composto por subordinação* contém uma *oração principal*, acompanhada de uma ou mais *orações subordinadas*.

Oração principal e subordinada

A *oração principal* é a que encerra o sentido fundamental do período e tem um ou mais de seus termos sob forma de *oração subordinada*.

É tão grande a *dependência* de uma *subordinada* em relação à *principal* que, se a dissociarmos do período, não apresentará sentido algum, ficando completamente vazia de significação.

Observemos este exemplo:

O homem / que mente / merece desprezo.
Oração principal: O homem merece desprezo.
Oração subordinada: que mente.

Se alguém chegasse até nós e simplesmente nos dissesse *que mente*, estaria certamente proferindo um absurdo, algo descontextualizado, pois nada, absolutamente nada, estaria nos dizendo.

Junto à *principal*, porém, *que mente* está plena de significado, bastando, para verificar isso, lê-la intercalada ao período: O homem – que mente – merece desprezo.

Eis o que explica o termo *subordinada*, que tem por sinônimo *dependente, sujeita a outrem*, desempenhando a função de um termo da principal. No caso, *que mente* está para o adjetivo *mentiroso*, que seria adjunto adnominal de *homem*.

Quem assimilou bem os *termos da oração*, estudados na 2.ª parte de nosso livro, não terá dificuldade maior no estudo das *subordinadas*, pois elas nada mais são do que *termos integrantes* ou *acessórios* da *oração principal*.

Para ficar mais claro, comparemos estes dois exemplos:

Peço-te, apenas, / compreensão. (Peço-te o quê? R.: compreensão)
                    objeto direto

Peço-te, apenas, / que me compreendas. (Peço-te o quê? R.: que me compreendas)
                   or. sub. subst. obj. direta

Como podemos verificar, *compreensão* e *que me compreendas* se equivalem no sentido, ambos funcionando como *objetos diretos* do verbo *pedir*, fato que explica a classificação da oração como *sub. subst. objetiva direta*.

Classificação das orações subordinadas

As orações subordinadas são de três tipos: *substantivas, adjetivas* e *adverbiais*. Vamos à análise detalhada de cada uma:

ORAÇÕES SUBORDINADAS SUBSTANTIVAS

São seis as substantivas, aqui exemplificadas e com suas devidas justificativas.

1. **Oração subordinada substantiva subjetiva**
   É a oração subordinada que exerce a função de *sujeito* da *principal*.
   - *É necessário* / que todos colaborem. (= a colaboração)
     ↓
     oração principal.

     Justificativa:
     QUE É QUE é necessário? Que todos colaborem – Sujeito.
     Logo, *que todos colaborem* é uma *oração subordinada substantiva subjetiva*.

   - *Convém* / que voltes logo. (= tua volta)
     ↓
     oração principal

     Justificativa:
     QUE É QUE convém? Que voltes logo – Sujeito.
     Logo, *que voltes logo* é uma *oração subordinada substantiva subjetiva*.

2. **Oração subordinada substantiva objetiva direta**
   É a oração subordinada que serve de *objeto direto* do verbo da *oração principal*.
   - *Desejo muito* / que tenhas sucesso. (= teu sucesso)
     oração principal

     Justificativa:
     Quem deseja, deseja *alguma coisa*. Então, desejo o quê?
     R.: Que tenhas sucesso.

Logo, *que tenhas sucesso* é o legítimo objeto direto do verbo *desejar* e, por ele ser uma oração, leva o nome de *oração subordinada substantiva objetiva direta*.

- *Cada novo dia permite* / que se aprenda algo novo. (= nova aprendizagem)
  ↓
  oração principal

  Justificativa:
  Quem permite, permite *alguma coisa*. Então, permite o quê? R.: Que se aprenda algo novo.

  Logo, *que se aprenda algo novo*, servindo de objeto direto do verbo *permitir*, funciona como uma *oração subordinada substantiva objetiva direta*.

3. **Oração subordinada substantiva objetiva indireta**
   É a oração subordinada que serve de *objeto indireto* ao verbo da *oração principal*.

   - *Convenci-me* / de que eras inocente. (= de tua inocência)
     ↓
     oração principal

     Justificativa:
     Quem se convence, se convence de *alguma coisa*. Então, convenci-me de quê? R.: De que eras inocente.

     Logo, *de que eras inocente*, sendo *objeto indireto* do verbo *convencer-se*, é também uma *oração subordinada substantiva objetiva indireta*.

   - *Lembrei-me* / de que já estava vacinado. (= da vacinação)
     ↓
     oração principal

     Justificativa:
     Quem se lembra, se lembra *de alguma coisa*. Então, lembrei-me de quê? R.: De que já estava vacinado.

     Logo, *de que já estava vacinado*, sendo *objeto indireto* do verbo *lembrar-se*, funciona como uma *oração subordinada substantiva objetiva indireta*.

4. **Oração subordinada substantiva completiva nominal**
   É a oração subordinada que exerce a função de *complemento nominal*, isto é, que completa o sentido de um substantivo, adjetivo ou advérbio da *oração principal*.

- *Tenho esperança* / de que a educação melhore. (= da melhoria)
  ↓
  oração principal

  Justificativa:
  A *completiva nominal* completa o sentido do nome *esperança,* porque quem tem esperança, tem esperança *de algo*. Então, tenho esperança de quê? R.: De que a educação melhore.
  Logo, *de que a educação melhore* é uma *or. sub. subst. completiva nominal.*

- *Sou favorável* / a que o indenizem.
  ↓
  oração principal

  Justificativa:
  A *completiva nominal* completa o sentido do nome *favorável,* porque quem é favorável, é favorável *a algo*. Então, sou favorável a quê? R.: A que o indenizem.
  Logo, *a que o indenizem,* completando o sentido do nome (adj.) *favorável,* exerce a função de uma *oração subordinada substantiva completiva nominal.*

5. **Oração subordinada substantiva predicativa**
   É a oração subordinada que funciona como *predicativo* em relação à *principal.*

   - *Meu desejo* / é que sejas vitorioso. (= tua vitória)
     ↓
     oração principal

     Justificativa:
     Meu desejo / **é** tua vitória.
         ↓   ↓   ↓
       sujeito   VL   predicativo do sujeito

     Assim como *tua vitória* é um predicativo, ligado ao sujeito por meio de um verbo de ligação, assim também a oração *que sejas vitorioso* funciona como *predicativo* em relação à principal.
     Logo, *que sejas vitorioso* é uma *oração subordinada substantiva predicativa.*

6. **Oração subordinada substantiva apositiva**
   É a oração subordinada que funciona como *aposto* da oração *principal*.
   ✓ *Só quero uma coisa:* / que realizes teus sonhos.
      ↓   ↓
      oração principal   oração subordinada substantiva apositiva

   Justificativa:
   A *apositiva* explica, à maneira do *aposto*, o termo básico *coisa*, que exige um esclarecimento maior.
   Logo, *que realizes teus sonhos* é uma oração subordinada substantiva apositiva.

   ✓ *Corria solto o boato:* / que ele era foragido da prisão.
      ↓   ↓
      oração principal   oração subordinada substantiva apositiva

   Justificativa:
   A *apositiva* explica, à maneira do *aposto*, o termo básico *boato*, que exige, de certo modo, um maior esclarecimento.
   Logo, *que ele era foragido da prisão* é uma oração subordinada substantiva apositiva.

> ⚠ **Atenção!** As orações apositivas podem aparecer justapostas, isto é, sem a conjunção integrante.
>
> *Uma coisa sabemos:* não sabemos nada.
> *Disse-me isto:* a vida é bela.

Modo prático de identificar a oração substantiva

Para identificar com maior rapidez a oração subordinada substantiva, basta substituí-la pelos pronomes demonstrativos *isto, isso, este, aquele* e ver sua função. Depois fica fácil classificar a oração correspondente.

   Sei *onde estão os óculos*   =   sei *isso*.
              ↓   ↓
        oração subst. objet. direta ← logo ← objeto direto

   Tenho necessidade *de que me ajude.* = Tenho necessidade *disso*.
                            ↓   ↓
                     oração sub. ← logo ←   ← compl. nominal
                     completiva nominal

Oração predicativa x Oração subjetiva

A) Muitas vezes confundimos a oração *predicativa* com a *subjetiva*. Para não incorrermos nesta cilada sintática, é necessário analisar com propriedade a estrutura de cada uma. Comparemos, pois, os períodos seguintes:

      O certo   é   que tudo se perdeu. (= a perda)
      ↓   ↓   ↓
  or. principal v. de ligação predicativo do sujeito

Logo, *que tudo se perdeu* é oração subordinada substantiva predicativa, já que desempenha a função de predicativo do sujeito, ligado a ele mediante o verbo de ligação *ser*, na 3.ª pessoa do singular.

Mas, atenção:

      É certo   / que tudo se perdeu. (= a perda)
      ↓
  or. principal

O que é certo? R. Que tudo se perdeu.

Logo, *que tudo se perdeu* é oração subordinada substantiva *subjetiva*, porque funciona como *sujeito* da oração principal *É certo*.

Assim:
1. São *predicativas* as seguintes orações grifadas:
   a) Nosso desejo é *que a crise acabe.*
   b) O fato é que *o custo de vida aumentou.*
2. Mas são *subjetivas* estas outras orações grifadas:
   a) Parece *que o otimismo voltou com mais notoriedade.*
   b) É evidente *que não tenho paciência.*

B) Os conectivos que ligam as orações *substantivas* às *principais* são as conjunções subordinativas integrantes QUE e SE.

Só sei / *que* nada sei.
Perguntaram / *se* o eclipse foi total.

Mas as substantivas podem também ser introduzidas pelos pronomes e advérbios *interrogativos*: **quem, por que, onde, como, qual, quando** e **quanto**:

Vejamos, por exemplo, como uma oração *objetiva direta* pode ser introduzida por conectivos diferentes:

- ✓ Sabes / **quem** é ele?
- ✓ Diga-me / **por que** me encara assim.
- ✓ Sei / **onde** está o tesouro.
- ✓ Não imaginas / **como** tenho me divertido.
- ✓ Não sei / **qual** foi o desfecho.
- ✓ Verifique / **quando** sairá o avião.
- ✓ Calculei / **quanto** ganhaste na transação.

EXERCÍCIOS DE FIXAÇÃO

A. Classifique nos pontilhados as orações subordinadas substantivas grifadas nos períodos abaixo:

1. Tudo depende / *de que aceites a sugestão*. ....
2. Todos aspiram / *a que sejas eleito ao cargo*. ....
3. É importante / *que nos libertemos economicamente*. ....
4. É verdade / *que a mentira tem pernas curtas*. ....
5. Eu não sabia / *onde era a casa dele*. ....
6. A notícia *de que foste aprovado* encheu-me de alegria. ....
....
7. Ele contou-me / *que perdera de vista todos os colegas da turma*. ....
....
8. Parece / *que a solidão alarga os limites*. ....
9. O interessante seria / *que todos preservassem o meio ambiente*. ....
....
10. Só lhe peço uma coisa: / *preserve sua saúde*. ....

B. Classifique a oração substantiva destacada em: subjetiva, objetiva direta, objetiva indireta, completiva nominal, predicativa ou apositiva:

1. Sou favorável **a que você concorra**. ....

2. O problema é **que a gente esquece depressa os benefícios.** ....
....

3. Todos pensaram **que fosse um disco voador.** ....

4. **Que o técnico treinará a equipe hoje** é certo. ....

5. Lembremo-nos **de que a vitória não depende só de algumas batalhas.**
....

6. **Que eu fique até o final do campeonato** é o meu maior desejo.
....

7. Dei o prêmio **aos que mais se esforçaram.** ....

8. O Papa só fez uma admoestação: **que todos vivam em paz.**
....

9. É indispensável **que os bons ajam com decisão.** ....

10. O Presidente determinou **que os gerentes se reunissem à tarde.**
....

C. Sublinhe as orações substantivas abaixo e classifique-as ao lado em *predicativa* ou *subjetiva*:

1. O certo é que meu time é o melhor. ....

2. É preciso que eu sonhe alto. ....

3. Seria melhor se você não viesse. ....

4. Ficou provado que ele não roubou. ....

5. É provável que eu vá à Europa. ....

6. Convém que todos participem do projeto. ....

7. É muito importante que aprendamos bem o nosso idioma..........

8. O fato é que ela anda muito feliz. ....

9. O mais desolador é que todos poluímos a água. ....

10. Não sou quem tu imaginas. ....

ORAÇÕES SUBORDINADAS ADJETIVAS

As orações *adjetivas* são assim chamadas porque elas equivalem a um *adjetivo* e, por consequência, desempenham a função de *adjunto adnominal* de um substantivo (nome ou pronome) da respectiva oração principal.

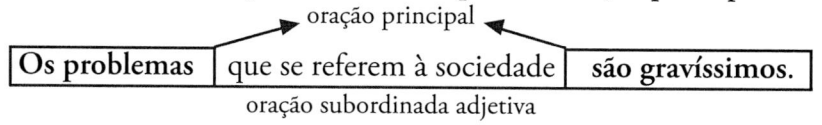

```
                    oração principal
 ┌─────────────┐ ┌──────────────────────────┐ ┌──────────────────┐
 │ Os problemas│ │ que se referem à sociedade│ │ são gravíssimos. │
 └─────────────┘ └──────────────────────────┘ └──────────────────┘
                  oração subordinada adjetiva
```

Como vemos, a *oração adjetiva* é aqui, e em outras circunstâncias, introduzida por um *pronome relativo* (que, quem, qual, cujo, quanto...) cujo antecedente é o nome (substantivo) *problemas*. Poderíamos, se quiséssemos, formar a seguinte frase equivalente:

```
                    adjunto adnominal
 Os problemas  /      referentes       /  à sociedade são gravíssimos.
 nome (subst.)         adjetivo
```

Classificação das subordinadas adjetivas

Temos duas espécies de *subordinadas adjetivas*:
a) explicativa
b) restritiva

1. ADJETIVA EXPLICATIVA: exprime uma qualidade inerente, essencial ao nome a que se refere. Analisemos, como exemplo, este período:

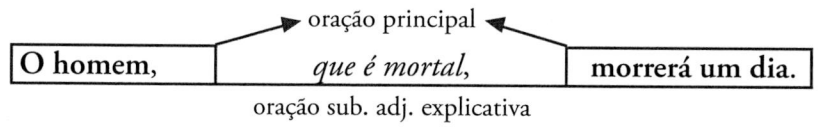

```
                    oração principal
 ┌───────────┐ ┌──────────────┐ ┌──────────────────┐
 │ O homem,  │ │ que é mortal,│ │ morrerá um dia.  │
 └───────────┘ └──────────────┘ └──────────────────┘
                oração sub. adj. explicativa
```

Justificativa: Todo homem é mortal.

Logo, a morte é inerente à natureza do homem. A oração *que é mortal* não acrescenta nada de essencial à natureza humana. Poderia até ser retirada do período e o sentido não ficaria prejudicado. Na realidade, é uma mera explicação, *desnecessária* e perfeitamente *dispensável*. Esse tipo de oração adjetiva vem sempre entre vírgulas.

"Pauliceia desvairada", *cujo prefácio é interessantíssimo*, foi escrita por Mário de Andrade.
                                       ↓
                              or. sub. adjetiva explicativa

2. ADJETIVA RESTRITIVA: restringe ou limita o sentido do nome ou pronome a que se refere. Mas a qualidade ou propriedade expressa por ela, nesses casos, não é intrínseca, nem essencial ao nome ou pronome a que se reporta. Exemplo:

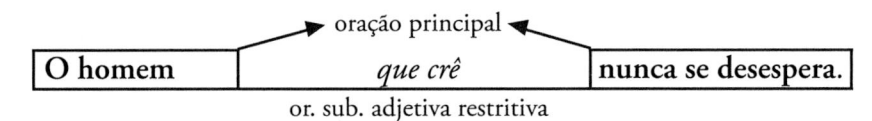

	oração principal	
O homem	*que crê*	nunca se desespera.

or. sub. adjetiva restritiva

Justificativa: Nem todo homem crê.

Logo, a crença não é uma qualidade comum e inerente a todos os homens. A oração *que crê* restringe ou limita o sentido do termo *homem*. Ao redigi-la, o autor refere-se tão somente ao homem que crê, e não a todo e qualquer homem.

Como podemos ver, a *oração adjetiva restritiva* é *necessária* para manter o sentido exato e completo do período a que ela pertence.

Às vezes, temos dificuldade de encontrar na língua o **adjetivo** equivalente à **oração adjetiva**. O meio mais prático, então, para identificar as orações adjetivas é observar a presença do **pronome relativo** que as introduz, nas suas várias formas:

Mulher *QUE muito se mira* pouco fiado tira.

Sou eu *QUEM pede*. (Equivale a *Sou eu AQUELE QUE pede*.)

Dê-me o troco do dinheiro com *O QUAL você me pagou a entrada*.

Xadrez é um jogo *CUJAS regras sempre admirei*.

Conheço a rua *ONDE você mora*.

Tudo *QUANTO existe no Pantanal* deve ser conservado.

Sei a hora *QUANDO ele vem*. (Equivale a: *Sei a hora EM QUE ele vem*.)

Conheço o modo *COMO devemos proceder*. (Equivale a: *Conheço o modo PELO QUAL devemos proceder*.)

Observação: 1. **Que**, quando é **pronome relativo**, introduz uma oração subordinada adjetiva.

O seu antecedente sempre será um **substantivo** ou **pronome**:

O diretor *que respeita os subordinados* será respeitado.

- antecedente/nome: O diretor
- pronome relativo: que
- oração subordinada adjetiva: respeita os subordinados

2. **Que,** quando é conjunção integrante, introduz uma oração subordinada substantiva. E o seu antecedente sempre será um **verbo**.

O diretor determinou *que todos saíssem mais cedo.*

- antecedente/verbo: determinou
- conj. integr.: que
- oração subord. substantiva: todos saíssem mais cedo

Como distinguir a oração adjetiva da substantiva

Se as palavras *quem, qual, onde, quanto, quando e como* figurarem na oração *com antecedente expresso*, as orações por elas introduzidas serão **adjetivas**; mas, se essas palavras não tiverem *antecedente expresso*, as orações por elas introduzidas serão **substantivas**.

Exemplifiquemos este fato linguístico:

- ✓ Conheço a rua / **onde** mora meu amigo.
  - a rua — antecedente expresso
  - onde mora meu amigo — or. sub. adjetiva restritiva
- ✓ Diga-me / **onde** mora meu amigo.
  - or. sub. substantiva objetiva direta
- ✓ Ficaram admirados todos / **quantos** o viram.
  - todos — antecedente expresso
  - quantos o viram — or. sub. adjetiva restritiva
- ✓ Calcule / **quanto** pode emprestar-me.
  - or. sub. subst. objetiva direta
- ✓ Descobri o modo / **como** devemos fazer.
  - o modo — antecedente expresso
  - como devemos fazer — or. sub. adjetiva restritiva
- ✓ Aprendi / **como** podemos educá-lo.
  - or. sub. subst. objetiva direta

APLICAÇÃO PRÁTICA
Pontuação (5)

Aqui é hora de introduzir mais uma regra de pontuação: as orações subordinadas adjetivas *explicativas*, ao contrário das *restritivas*, devem sempre ser isoladas por vírgulas, justamente por serem meramente explicativas, enquanto que as restritivas, entre diversos elementos, restringem, limitam. Observe novamente os exemplos usados na exposição:

- ✓ *Os problemas **que se referem à sociedade** são gravíssimos.* A oração *que se referem à sociedade* não está entre vírgulas porque é restritiva: entre todos os problemas, ela restringe, limita, a afirmação àqueles que se referem à sociedade, excluindo os demais.
- ✓ Quando a restritiva for longa, pode terminar com vírgula: *Os escritores **que participaram do último encontro literário de Parati**, ficaram encantados com a arquitetura da cidade.*
- ✓ *O homem, **que é mortal**, morrerá um dia.* A oração *que é mortal* está entre vírgulas porque é explicativa: todos os homens são mortais, ou seja, a afirmação não se restringe a determinados homens, sendo, portanto, meramente explicativa.

Esta regra de pontuação não se limita a orações; estende-se também a termos explicativos, os apostos, como se pode observar nos exemplos:

- ✓ *O juiz da Comarca de Ilha Bela, **Jair dos Santos Pedroso**, foi designado para atuar no caso.*
- ✓ *O juiz **Jair dos Santos Pedroso** foi designado para atuar no caso.*

Mas o conhecimento preciso do contexto é necessário para verificar se a oração é restritiva ou explicativa, ou seja, se devem ser usadas as vírgulas ou não:

- ✓ *O homem **que vinha a cavalo** caiu.*
- ✓ *O homem, **que vinha a cavalo**, caiu.*

Para definir se a oração *que vinha a cavalo* é explicativa ou restritiva, é necessário saber se vinha apenas um homem (no caso será explicativa) ou se vinha mais de um (então será restritiva).

Sendo simples termos de oração, e não orações, aplica-se o mesmo raciocínio para justificar o uso da vírgula:

- ✓ *Júlio e sua filha **Júlia** viajaram.*
- ✓ *Júlio e sua filha, **Júlia**, viajaram.*

Júlia ficará entre vírgulas se Júlio tiver apenas uma filha (será, portanto, elemento explicativo); tendo mais de uma filha, não se usarão as vírgulas (pois é elemento restritivo); entre as filhas de Júlio, a informação se restringe a Júlia.

EXERCÍCIOS DE FIXAÇÃO

A. Transforme os *adjetivos* destacados em *orações subordinadas adjetivas*. Siga o modelo:

1. A poluição é um fenômeno *prejudicial* à saúde.
A poluição é um fenômeno que prejudica a saúde.

2. As pessoas *mentirosas* não são dignas de confiança.
....

3. O povo anseia por eventos *alegres*.
....

4. O parlamentar proferiu um discurso *convincente*.
....

5. Tomaste uma atitude *surpreendente*.
....

B. Sublinhe as orações *adjetivas explicativas* com um traço e circule as *restritivas*:

1. Conheço o local onde se enterrou o tesouro.
2. Há fatos cuja recordação nos alegra.
3. Todos quantos o viram gostaram dele.
4. Língua extinta é aquela de cuja existência não possuímos prova.
5. O mar, que é generoso, às vezes é cruel.

C. Classifique as orações *adjetivas* e *substantivas* que aparecem em negrito:

1. Ama com fé e orgulho a terra **em que nasceste**. ....
2. É justo **que reclames dentro de teus direitos**. ....
3. O lírio, **que é branco**, simboliza a pureza da alma. ....
4. É certo **que nem sempre acertamos**. ....
5. "A Justiça **que corrige ou castiga** deve ser inspirada pela Bondade **que nobilita e eleva**." (Malba Tahan) ....

6. "Para que alguém seja realmente feliz, é necessário **que esteja feliz consigo mesmo**." (Alfredo Valdés) ....

7. Uma coisa lhe garanto: **a mim não enganam mais.** ....

8. Guarda-te do homem **que não fala** e do cão **que não ladra**. ....
....

9. A casa **onde meu amigo mora** é modesta, mas aconchegante. ....
....

10. A coruja, **que é ave noturna,** enxerga no escuro. ....

ORAÇÕES SUBORDINADAS ADVERBIAIS

São orações que exercem a função de *adjunto adverbial* da oração principal. Elas exprimem as diversas circunstâncias próprias do ADVÉRBIO e se introduzem por uma CONJUNÇÃO SUBORDINATIVA.

Alguns alunos dormiam / [enquanto] o professor explicava.
    oração principal   oração sub. adverbial temporal

Equivale a:

Alguns alunos dormiam / [durante] a explicação do professor.
    oração principal   adjunto adverbial de tempo

Este computador é mais apreciado / [porque] vem com câmara.
      oração principal   oração sub. adverbial causal

Equivale a:

Este computador é mais apreciado / [por causa] de sua câmara.
      oração principal   adjunto adverbial de causa

Classificação das subordinadas adverbiais

As subordinadas adverbiais classificam-se de acordo com o sentido das *conjunções subordinativas* que as introduzem (exceto as *integrantes*, que encabeçam as orações substantivas):

1. Causais: indicam a *causa*, a *razão* do que afirma o predicado da oração principal. São introduzidas pelas conjunções subordinativas **causais**: *porque, que, pois, como, porquanto, já que, visto como, por isso que*, etc.

> Foi despedido / porque não era eficiente.
> oração principal   or. sub. adverbial causal

Distinção entre oração *subordinada causal* e oração *coordenada sindética explicativa*

> ⚠ **Atenção**: É importante distinguir a oração **subordinada causal** da oração **coordenada explicativa**.

Com base nos exemplos abaixo, vejamos a diferença.

1. O jogo foi adiado / **porque choveu muito.**
   oração principal   or. sub. adverbial causal

- ✓ A oração em negrito denota a *causa* do adiamento do jogo, isto é, estabelece uma clara relação de causa e consequência.
- ✓ É uma oração subordinada a outra, que é a principal; sozinha, ela não teria sentido completo.
- ✓ Entre a principal e a causal não há uma pausa acentuada.
- ✓ A adverbial permite uma construção reduzida do infinitivo, iniciada pela preposição *por*: O jogo foi adiado *por chover muito*.
- ✓ A conjunção *porque* (*que, pois*, etc.) pode ser substituída por *como, uma vez que*, e análogas: O jogo foi adiado, *uma vez que choveu muito*.

2. Estude muito, / **porque a prova é altamente seletiva.**
   or. coord. assindética   or. coord. sindética explicativa

- ✓ A oração em negrito denota o *motivo* e não a causa de estudar muito; ela dá uma explicação, uma justificativa daquilo que a oração anterior exprime.
- ✓ É uma oração independente; admite, pois, fazer uma pausa maior (marcada pela vírgula) entre ela e a oração anterior. Essa pausa até poderia ser marcada por dois-pontos ou ponto e vírgula.

2. **Comparativas:** traduzem ideia de comparação. São introduzidas pelas conjunções comparativas: **como, mais... (do) que, menos... (do) que, maior... (do) que, menor... (do) que, tanto... como, tal... qual,** etc.

> Não procedas   /   como os corruptos (procedem).
> oração principal   or. sub. adverbial comparativa

> Mais vale um pássaro na mão   /   (do) que dois voando.
> oração principal   or. sub. adverbial comparativa

Observação: Nas comparativas, o segundo verbo costuma ser elíptico, pois é o mesmo da oração principal. Às vezes aparece o verbo substituto: *fazer*. "Não procedas como os corruptos *fazem*".
Outras comparativas são correlatas, isto é, introduzidas por um termo relacionado com outro da oração principal. Assim:
Mais tem Deus para dar *(do) que* o diabo para tirar.

3. **Concessivas:** indicam concessão, criam uma ideia de exceção relativamente a uma outra ideia. São introduzidas por conjunções subordinativas **concessivas:** *embora, ainda que, dado que, conquanto (que), posto que, mesmo que, por mais que, por pouco que,* etc.

> Ainda que fitasse o firmamento,   /   não via o Cruzeiro do Sul.
> oração sub. adverbial concessiva   oração principal

4. **Condicionais:** exprimem condição. São introduzidas por conjunções subordinativas **condicionais:** *se, salvo se, caso, contanto que, uma vez que, dado que, desde que,* etc.

> Se saudades matassem,   /   muita gente morreria.
> or. sub. adverbial condicional   oração principal

5. **Conformativas:** denotam conformidade, modo. São introduzidas pelas conjunções subordinativas **conformativas:** *conforme, como, consoante, segundo,* etc.

> Segundo nos informaram,   /   a festa será adiada.
> or. sub. adverbial conformativa   oração principal

6. Consecutivas: exprimem a consequência da ação, do estado ou da qualidade apresentados na oração principal. São introduzidas por conjunções subordinativas **consecutivas:** *tanto... que, tal... que, tamanho... que.*

O assaltante levou tamanha surra / que o hospitalizaram.
oração principal   or. sub. adverbial consecutiva

7. Finais: expressam finalidade. São introduzidas por conjunções subordinativas **finais:** *para que, a fim de que, que* (= para que), etc.

Os livros ficaram ao alcance / para que todos os manuseassem.
oração principal   or. sub. adverbial final

8. Proporcionais: denotam proporção ou concomitância entre o fato que elas mesmas expressam e o fato apresentado pela oração principal. São introduzidas por conjunções subordinativas **proporcionais:** *à medida que, à proporção que, tanto mais... quanto mais, tanto menos... quanto menos, tanto maior... quanto maior,* etc.

À medida que o tempo passa, / as nossas ilusões diminuem.
or. sub. adv. proporcional   oração principal

9. Temporais: exprimem tempo. São introduzidas por conjunções subordinativas **temporais:** *quando, enquanto, antes que, depois que, logo que, assim que, até que, desde que, sempre que, apenas, mal,* etc.

Mal os avistou, / pôs-se a correr.
or. sub. adverbial temporal   oração principal

APLICAÇÃO PRÁTICA

Pontuação (6)

A observação das diversas orações subordinadas adverbiais nos leva a mais uma regra de pontuação: sempre que as subordinadas adverbiais estiverem situadas antes da principal, as duas serão separadas por vírgula. Basta observar os exemplos:

- ✓ *Ainda que fitasse o firmamento*, não via o Cruzeiro do Sul.
- ✓ *Se saudades matassem*, muita gente morreria.
- ✓ *Segundo nos informaram*, a festa será adiada.
- ✓ *À medida que o tempo passa*, as nossas ilusões diminuem.
- ✓ *Mal os avistou*, pôs-se a correr.

Nos exemplos acima, a oração subordinada está sempre antes da principal, o que gerou as vírgulas. Se invertêssemos a ordem, as vírgulas não seriam mais obrigatórias.

EXERCÍCIO DE FIXAÇÃO

As orações grifadas são todas *subordinadas adverbiais*. Classifique-as segundo o modelo:

1. Lerei este romance *porque ele representa o drama da vida.*
   Causal

2. *Embora a polícia vigiasse,* o tráfico passou a fronteira.
   ....

3. Tudo transcorreu bem, *segundo haviam sido nossas previsões.*
   ....

4. *À medida que o tempo passa,* as nossas ilusões desaparecem.
   ....

5. Os indiferentes são piores *do que os maus (o são).*
   ....

6. *Contanto que o trabalho avance,* podem conversar.
   ....

7. "Pobre, *quando mete a mão no bolso,* só tira os cinco dedos." (A. Torelly)
   ....

8. Tal era seu pavor *que fugia da própria sombra.*
   ....

9. *Mesmo que fosse muito abastado,* não deixava de ajudar os pobres.
   ....

10. *Para teres um futuro promissor,* viva o presente com ardor.
    ....

ORAÇÕES SUBORDINADAS REDUZIDAS

Oração reduzida é a subordinada que, destituída de conectivo, apresenta o verbo em uma de suas FORMAS NOMINAIS: infinitivo, gerúndio ou particípio.

A oração assim constituída classifica-se em:

A. Reduzida de **infinitivo**:
Fontes oficiais informaram / SEREM *falsas as notícias*.

B. Reduzida de **gerúndio**:
CHEGANDO *a hora*, o réu entrou no tribunal.

C. Reduzida de **particípio**:
TERMINADA *a festa*, retiraram-se os convivas.

Para classificar as **subordinadas reduzidas**, é preciso que elas sejam **desdobradas** em **orações desenvolvidas**, isto é, substituídas por outras orações, com o conectivo expresso e com o verbo conjugado.

Feito isso, serão classificadas de acordo com o conectivo (conjunção subordinativa ou pronome relativo) que introduz a oração desenvolvida. Assim:

1. Fontes oficiais informaram / SEREM falsas as notícias.
                                         or. sub. reduzida do infinitivo

   Por que a subordinada é reduzida?
   – Porque corresponde a uma subordinada desenvolvida.

   Fontes oficiais informaram / QUE são falsas as notícias.
          oração principal   or. sub. subst. obj. direta

2. CHEGANDO a hora, / o réu entrou no tribunal.
     or. sub. reduzida do   oração principal
         gerúndio

   Por que a subordinada é reduzida?
   – Porque corresponde a uma subordinada desenvolvida.

   QUANDO chegou a hora, / o réu entrou no tribunal.
     or. sub. adverbial temporal   oração principal

3. TERMINADA a festa, / retiraram-se os convivas.
     or. sub. reduzida do   oração principal
         particípio

Por que a subordinada é reduzida?
— Porque corresponde a uma subordinada desenvolvida.

QUANDO terminou a festa, / retiraram-se os convivas.
or. sub. adverbial temporal   oração principal

> **Observação:** Pelo exposto, chegamos à conclusão de que só será **subordinada reduzida** a oração que puder ser desdobrada em outra, desenvolvida, encabeçada por conectivo expresso e com o verbo efetivamente conjugado. É por isso que não constituem orações reduzidas as formas nominais que fazem parte de **locuções verbais**, pois, nesses casos, são INDESDOBRÁVEIS.
> Exemplos:
> Preciso *partir*.
> Vivo *cantando*.
> Tenho *vivido* no interior.

APLICAÇÃO PRÁTICA

Pontuação (7)

A observação dos exemplos permite concluir que todas as orações subordinadas reduzidas de particípio e de gerúndio, quando precedem a principal, são separadas dela por vírgula, o mesmo não acontecendo com as de infinitivo.

Na 4.ª parte deste livro (p. 115), apresentaremos o detalhamento de toda a pontuação.

EXERCÍCIOS DE FIXAÇÃO

A. Classifique as orações grifadas, utilizando o seguinte código:

(1) oração coordenada assindética; (2) oração coordenada sindética; (3) oração principal; (4) oração subordinada substantiva; (5) oração subordinada adjetiva; (6) oração subordinada adverbial; (7) oração subordinada reduzida.

a. ( ) "Anseio ardentemente aliviar o mal, *mas não posso* e também sofro." (Bertrand Russell)
b. ( ) "*Quando leio o Evangelho*, cada palavra parece-me uma luz e dá-me consolação." (Lacordaire)
c. ( ) "Escorrega-se no sangue, *tropeça-se sobre cadáveres*, mas a luta continua ardorosamente acesa." (Visconde de Ouro Preto)
d. ( ) "*Todos nascemos* para morrer, e todos morremos para ressuscitar." (Vieira)
e. ( ) *Para se vingar*, chegava atrasado no emprego.
f. ( ) *Quando viajava sozinho*, contemplava melhor as paisagens.
g. ( ) O juiz, *que espumava de raiva*, expulsou o jogador.
h. ( ) Jamal, não *encontrando mais sua Letika*, ficou triste.
i. ( ) *Ao dirigir* não beba, nem coma demais.
j. ( ) *Porque transformou a crise em oportunidade*, a empresa ampliou seus quadros.

B. Transforme em reduzidas as subordinadas desenvolvidas grifadas. Siga o modelo:

1. *Como meu tio estava doente*, fui visitá-lo.
   Por meu tio estar doente, fui visitá-lo.
2. *Logo que o terremoto parou*, os voluntários iniciaram as buscas.
   ....
3. *Depois que fez a prova*, ficou mais tranquilo.
   ....
4. No pomar, vimos frutas *que caíam de maduras*.
   ....
5. As desculpas *que o acusado apresentou* não convenceram os jurados.
   ....

C. Desdobre as orações reduzidas em desenvolvidas e, depois, classifique-as de acordo com o sentido dos conectivos. Siga o modelo:

1. *Resistindo às tentações*, tu te tornarás forte.
   Se resistires às tentações,
   Or. sub. reduzida do gerúndio, adverbial condicional

2. *Alegando dor de cabeça*, recusou-se a dançar com a jovem.
   ....
   ....

3. É impossível *atendermos todos os pedidos*.
   ....
   ....

4. *Feitos os preparativos*, pusemo-nos em marcha.
   ....
   ....

5. O pai aconselhou o filho *a tentar a sorte na Austrália*.
   ....
   ....

6. *Buscando com perseverança*, alcançarás o sucesso.
   ....
   ....

7. *Feita a partilha*, o filho tomou a palavra.
   ....
   ....

8. Tenho receio *de não encontrares lugar para o espetáculo*.
   ....
   ....

4.ª parte
Aplicação prática
(casos particulares)

Culto é aquele que sabe onde encontrar aquilo que não sabe.

(Anônimo)

CONCORDÂNCIA VERBAL

A regra geral da concordância continua valendo: *o verbo concorda com o seu sujeito em pessoa e número*. Os exemplos a seguir são casos particulares que podem suscitar dúvidas:

1. *Uma palavra, um gesto, um olhar bastava.* À primeira vista, parece termos mais de um núcleo (*palavra, gesto, olhar*), o que levaria o verbo para o plural (*bastavam*). No entanto, houve a *intenção do autor* de dizer que qualquer um desses núcleos bastava, tanto que ele não usou o conector *e* para ligar os dois últimos núcleos. Nesse caso se usaria o verbo no plural: *Uma palavra, um gesto e um olhar bastavam.*

Outra interpretação: trata-se de período composto por coordenação em que se subentende o verbo, para evitar sua enfadonha repetição: *Uma palavra bastava, um gesto bastava, um olhar bastava.* Esses recursos, que sobrepõem o significado à sintaxe, são especialmente comuns em textos literários. Outros casos semelhantes: *A vida e o tempo nunca para. / Cantar e dançar é qualidade de poucos. / Nem Pedro nem Paulo sabia a resposta.*

2. *Tu e eu somos felizes. / Tu e teu irmão fostes (foram) enganados.* Sempre que o sujeito composto incluir primeira pessoa (*eu*), o verbo será usado na primeira pessoa do plural: *Tu e eu somos felizes.* Não havendo primeira pessoa, mas apenas a segunda (*tu*) e a terceira (*ele*), pode-se optar entre a

segunda e a terceira pessoas: *Tu e teu irmão fostes (foram) enganados.* Aqui a norma gramatical (que é criada pelo uso) revela o egoísmo do ser humano: ocorrendo primeira pessoa (*eu*), ela se impõe sobre as demais; não havendo primeira pessoa, mas apenas as demais, tanto faz, desde que não seja a primeira.

3. *Vossa Excelência e sua comitiva serão bem recebidos.* Os pronomes de tratamento levam o verbo e o pronome possessivo para a terceira pessoa, razão pela qual o correto na frase é *sua comitiva*, e não *vossa comitiva*, pois *vossa* é a segunda pessoa do plural. O verbo no plural (*serão*) se justifica porque o sujeito é composto: *Vossa Excelência e sua comitiva.*

4. *Você e seu amigo têm razão. / Tu e teu amigo tendes (têm) razão.* Na origem, *você* é pronome de tratamento (*Vossa Mercê*), razão por que leva o verbo e o pronome possessivo para a terceira pessoa: *Você e seu amigo têm razão.* Portanto, é errado usar a segunda pessoa combinada com *você*: *Você e teu amigo.* Optando-se por *tu*, pode-se escolher entre a segunda e a terceira pessoas: *Tu e teu amigo tendes (têm) razão.* Repete-se o que se viu no item 2, acima.

5. *Este relatório é para eu fazer?* Aqui basta encontrar o sujeito: Quem vai fazer? Resposta: *eu*. Portanto, não pode ser *mim*, mas, sim *eu* (*Este relatório é para eu fazer?*). Retirando o verbo *fazer*, não há mais sujeito, pois não há verbo, e então a frase ficará assim: *Este relatório é para mim?*

6. *Mais de um morador foi atingido. / Cerca de vinte moradores foram atingidos.* Com expressões como *mais de, menos de, cerca de, perto de*, considera-se como núcleo do sujeito o substantivo que as acompanha, devendo, por isso, o verbo concordar com ele. Foi o que se fez nesses exemplos. Ocorrendo a repetição da expressão, o verbo vai sempre para o plural, pois o sujeito será composto: *Mais de um padre, mais de um bispo não acataram as ordens de Roma.* Havendo ideia de reciprocidade, o verbo vai sempre para o plural: *Mais de um casal amam-se de verdade.* Mais uma vez o significado se impõe, pois o amor envolve obrigatoriamente mais de uma pessoa.

7. *Serás tu **quem** entregará o prêmio. / Serás tu **que** entregarás o prêmio.* O pronome relativo *quem* impessoaliza o verbo, como se chamasse para si a condição de núcleo do sujeito; daí: *Serás tu quem entregará o prêmio.* Já o relativo *que* permite a concordância do verbo com o substantivo ou pronome que o antecede: *Serás tu que entregarás o prêmio.*

8. *A maior parte dos documentos se perdeu (perderam).* O núcleo do sujeito é *maior parte* ou *documentos?* Na dúvida, admitem-se as duas concordâncias: *perdeu* ou *perderam.* O mesmo procedimento é adotado com outros coletivos partitivos, como *a maioria, grande parte,* entre outros.

9. *O céu, a terra, o mar, tudo louva o Criador.* Quando o sujeito é resumido no final por pronomes como *tudo, nada, ninguém, nenhum,* o verbo concorda com esse pronome:... *tudo louva o Criador.*

10. *Um e meio já era aceitável. / São quatro horas. / São 15 de outubro.* O numeral é considerado plural apenas a partir de dois. Em datas, estando expressa a palavra *dia,* ela será o sujeito: *É dia 15 de outubro.*

11. *Oitenta por cento foram aprovados (foi aprovado).* Com as expressões que indicam percentagem, o verbo pode ficar no singular ou no plural. Quando o percentual estiver determinado mediante o uso de artigo ou pronome demonstrativo, o verbo concorda com o número: *Os 50% referidos correspondem ao lucro. / Esse 1% refere-se às comissões de venda.* Sempre que estiver presente um especificador, a concordância se dará com ele: 51% *da população votou* a favor. Apenas 15% *dos alunos passaram* nas provas.

12. *Um e outro buscam (busca) a verdade. / Nem um nem outro foram aprovados (foi aprovado).* Com as expressões *um e outro* e *nem um nem outro,* o verbo pode ir para o singular ou para o plural. Havendo ideia de reciprocidade, o verbo vai obrigatoriamente para o plural: *Um e outro amam-se de verdade.*

13. *Uma ou outra candidata não se apresentou.* Quando o sujeito é constituído pela expressão *um ou outro,* o verbo fica no singular.

14. *Estados Unidos é um grande país. / Os Estados Unidos são um grande país.* Quando o sujeito é um nome próprio no plural, o verbo vai para o plural se o nome estiver acompanhado de artigo plural.

15. *Soaram dez horas. / Bateu uma hora. / Deram quatro horas.* Quando indicam horas, os verbos *soar, bater* e *dar* concordam com o número de horas. Se o sujeito for *relógio* ou *sinos,* o verbo concordará com esse substantivo: *O relógio bateu dez horas. / Os sinos soaram doze horas.* Utilizando-se verbo auxiliar, este cumprirá as mesmas regras: *Acabaram de soar dez horas. / O relógio acabou de soar dez horas.*

16. *O Presidente da República sanciono a seguinte lei.* Trata-se de solução encontrada em técnica legislativa para não começar o texto com o pouco modesto *eu,* uma vez que se trata de obrigação da autoridade assumir a

responsabilidade em primeira pessoa. O artifício consiste em subentender a presença de *eu: Eu, o Presidente da República, sanciono...*

17. *Haja vista o problema surgido... / Haja vista os problemas surgidos...* A forma correta é *haja vista,* e não *haja visto.* A flexão do verbo para o plural é também aceita quando se refere a substantivo no plural: *Haja(m) vista os problemas surgidos...*

18. *Não há aula. / Não há luz.* Em linguagem culta, não se aceita o uso de *ter* no sentido de *haver, existir.* Portanto, são erradas formas como: *Não tem aula. / Não tem luz.*

19. *Ser,* **um verbo de regras próprias.** Parece até vingança do verbo *ser* pelo fato de ser denominado simples verbo de ligação, que nada significa, mas o certo é que tem regras de concordância próprias:

- ✓ *Paulo é os amores de Marcela.* Quando o sujeito de *ser* é pessoa, o verbo concorda com ele.
- ✓ *O grupo relacionado eram eles.* Quando o predicativo é um pronome pessoal, o verbo concorda com ele.
- ✓ *Tudo eram flores.* Quando o sujeito é representado pelos pronomes *isto, isso, aquilo, tudo,* o verbo concorda com o predicativo.
- ✓ *Cinco quilos é muito.* Nas expressões *é muito, é pouco,* etc., o verbo *ser* fica no singular.
- ✓ *Era uma vez duas princesas.* O verbo *ser* fica no singular quando corresponde a *haver* impessoal. Esse uso foi consagrado pela literatura infantil, pois *haver* não é forma adequada para crianças.
- ✓ *Somos quatro funcionários, ou seja, dez por cento do total.* Nas expressões *ou seja* e *isto é,* o verbo nunca flexiona para o plural.

20. **Flexão do infinitivo.** É questão controvertida. Ocorre que existem dois infinitivos: o pessoal (flexionado) e o impessoal (não flexionado). A questão é saber quando se trata de um ou de outro. Aqui vão os casos mais comuns:

a) *Flexiona-se o infinitivo:*
- ✓ Quando o verbo tiver sujeito próprio: O secretário afirmava não *existirem* tais problemas. Quem não gosta de ver seus funcionários *trabalharem!*
- ✓ Quando for verbo reflexivo: Foram levados a se *esforçarem* ao máximo.
- ✓ Quando, antecedendo a oração principal, o verbo vier preposicionado: Para *conseguires* teu objetivo, é necessário muito trabalho.

b) *Não se flexiona o infinitivo:*
- ✓ Quando as duas orações tiverem o mesmo sujeito: Eles pensavam não *errar* jamais.
- ✓ Quando o verbo tiver sentido passivo: São problemas difíceis de se *resolver.*
- ✓ Quando o verbo tiver por sujeito um pronome oblíquo: Convido-os a *festejar.*

CONCORDÂNCIA NOMINAL

Acompanhe alguns casos particulares de concordância nominal:

✓ *Elas estavam meio nervosas. / Precisa-se de meias garrafas.* No primeiro exemplo, *meio* é advérbio, razão por que não se flexionou. No segundo, trata-se de adjetivo e, por isso, concordou com o substantivo *garrafas*. Truque: troque a palavra *meio* por *um tanto;* se a troca der certo, trata-se de advérbio; caso contrário, é adjetivo.

✓ *Só elas estavam no sacrifício. / Elas estavam sós no sacrifício.* No primeiro caso, *só* é advérbio; no segundo, é adjetivo. Truque: correspondendo a *somente* é advérbio; é adjetivo se corresponder a *sozinho*.

✓ *Ela lê mal. / Ela é má. Mal* é advérbio, enquanto *mau* é adjetivo. *Mal* é o contrário de *bem,* enquanto *mau* é o contrário de *bom*. Truque: nunca há dúvida entre *bem* e *bom;* assim, na dúvida entre *mal* e *mau*, troque por *bem* ou *bom;* se a troca por *bem* der certo, é porque o correto é *mal;* se a troca por *bom* der certo, é porque o correto é *mau.*

✓ *Os carros são caros. / Os carros custam caro.* No primeiro exemplo, *caros* é adjetivo, concordando com carros. No segundo, *caro* é advérbio, não flexionando. O mesmo ocorre com *barato, alto, baixo, certo, errado, rápido, lerdo,* entre outros casos. Observe os exemplos: *Eles são altos. Elas falam alto. Esta é a regra certa. Ela falou certo. Ela é rápida. Ela vai fazer carreira rápido.* No último exemplo, *rápido* é advérbio (*rapidamente*), mas, se a intenção for informar que a carreira não vai durar, será adjetivo, caso em que se deverá optar por *rápida,* para concordar com o substantivo *carreira*.

✓ *Elas falavam bastante bastantes vezes.* O primeiro *bastante* é advérbio, razão por que não concordou com o pronome (*elas*) a que se refere. O segundo concordou com o substantivo a que se refere (*vezes*). Truque: troque *bastante* por *muito;* se *muito* resultar flexionado, o mesmo ocorrerá com *bastante;* caso contrário, será advérbio.

✓ *Ela mesma se dirigiu à repartição.* *Mesmo* e *próprio* sempre concordam com o substantivo ou pronome a que se referem.

✓ *As notas seguem anexas. / As notas seguem em anexo.* *Anexo, incluso* e *apenso* sempre concordam com o substantivo ou pronome a que se referem. No entanto, introduzindo-se a preposição *em*, a expressão resultante fica invariável: *As notas seguem em anexo. Incluso* não admite a preposição *em*, não se podendo usar *em incluso*.

✓ *Estou quite. / Estamos quites.* *Quite* é adjetivo, razão pela qual concorda com o substantivo ou pronome a que se refere.

✓ *Água é necessário. / A água é necessária.* Expressões como *é bom, é proibido, é necessário,* etc., quando o substantivo vem acompanhado de artigo, concordam com ele: *A água é necessária.* Na ausência do artigo, ficam invariáveis: *Água é necessário.* Outros exemplos: *É bom ter paciência. A paciência é importante. É proibida a entrada de pessoas estranhas. Proibido entrada de pessoas estranhas.*

✓ *Casa trinta. / Trigésima casa.* Na numeração de casas, páginas, etc., não se flexiona o numeral cardinal. Se o numeral for ordinal, este se flexiona.

✓ *V. Exa., Senhor Deputado, foi desrespeitoso. / V. Exa., Senhora Deputada, foi desrespeitosa.* A concordância dos pronomes de tratamento se dá de acordo com o sexo a que se referem.

✓ *A situação político-econômico-financeira.* Nos adjetivos compostos ligados por hífen, flexiona-se apenas o último elemento. Desfazendo-se o composto, a concordância se dá em cada um dos adjetivos: *A situação política, econômica e financeira.*

✓ *Fez tudo em má hora e lugar.* Quando o adjetivo vem antes de dois ou mais substantivos, concorda com o primeiro. Se, no entanto, os substantivos forem nomes próprios ou de parentesco e de gênero variado, o adjetivo flexiona para o plural, ficando na forma masculina: *Os fabulosos Marcela, Pedro e Artur.*

✓ *Muito obrigado. / Muito obrigada.* O homem diz *obrigado*, enquanto a mulher diz *obrigada*. É comum ouvir de mulheres: *Obrigadão*. Que horror! Então, que dissessem: *Obrigadona*...

✓ *Meio-dia e meia.* Como se refere a *hora*, substantivo feminino, *meia* tem que concordar com ela, sendo errado *meio-dia e meio*, a não ser que haja a intenção de se referir a *meio dia* (12 horas) somado a outro *meio dia* (mais meio dia).

✓ *Gravatas brancas.* / *Gravatas laranja.* Quando a cor é expressa por um substantivo em função de adjetivo (*laranja*, por exemplo), o nome da cor é invariável. Truque: tente intercalar a expressão *da cor de;* se der certo, o nome da cor fica invariável; se não der certo, o nome da cor concorda com o substantivo a que se refere. Observe os exemplos: *Blusas amarelas* / *Blusas pérola, carros azul-claros* / *carros azul-celeste, lenços verdes* / *lenços amarelo--gema, sapatos azuis* / *sapatos gelo.*

PONTUAÇÃO

Acompanhe os exemplos a seguir, que marcam casos particulares de pontuação:
  ✓ *Eu reviso a receita; você, a despesa.* / *Mocidade ociosa, velhice vergonhosa.* No primeiro exemplo, após *você,* subentende-se a forma verbal *revisa;* no segundo exemplo, após *ociosa,* subentende-se alguma forma verbal, como *significa, leva a,* entre outras. O objetivo da *supressão do verbo* (elipse verbal) pode ser para evitar a repetição, como no primeiro exemplo, ou para obter um significado mais vigoroso, como é o caso do segundo exemplo. A verdade é que o verbo é tão importante na produção de significado, que se usa vírgula sempre que ele for subentendido.
  ✓ *"Veio a noite do baile, e a baronesa vestiu-se."* Machado de Assis usou vírgula antes do *e*; é um caso particular de vírgula que, para ocorrer, deve preencher duas condições: primeiro, o *e* deve ligar orações com sujeitos diferentes (o sujeito da primeira oração é *a noite do baile,* enquanto o da segunda é *a baronesa*) e, segundo, não pode ser caso de simples adição (o *e* não é simplesmente aditivo, significando algo mais: *por isso, assim,* etc. Como se vê, a aplicação desta regra exige a realização da análise sintática e atenção ao significado.
  ✓ *Paulo teve sucesso, porque é dedicado, e, tendo obtido prêmios, recebeu muitos cumprimentos.* O *e* entre vírgulas? É. Tudo porque é precedido de intercalação e seguido de outra. Basta observar que a função desse *e* é conectar (aditar, daí *adição*) as orações *Paulo teve sucesso e recebeu muitos cumprimentos.* O *e* não tem outra função além dessa, não servindo para isolar elementos intercalados. Outros exemplos: *Sérgio Silva, presidente, e*

José Couto, tesoureiro, coordenam os trabalhos. Há registros de todo tipo, e, em matéria de irregularidades, todas serão levantadas.

✓ *Para se fazer justiça – justiça de verdade –, é necessário que se deem iguais oportunidades às partes.* Travessão e vírgula? O travessão não substitui a vírgula? Sim, o travessão substitui a vírgula de intercalação (*justiça de verdade*), mas não a que marca o deslocamento de uma oração (*Para se fazer justiça*) ou de um termo de oração, ou seja, não substitui uma segunda vírgula. Em outras palavras, a expressão *justiça de verdade* faz parte da oração deslocada, devendo o conjunto ser separado da oração principal por vírgula.

✓ *O homem que vinha a cavalo caiu. / O homem, que vinha a cavalo, caiu.* Aqui é preciso relembrar as orações subordinadas adjetivas, que são restritivas quando se restringem a um elemento de um conjunto (primeiro exemplo: entre os homens que vinham, a informação se restringe a um deles: *o que vinha a cavalo*), e explicativas quando apenas explicam (segundo exemplo: só vinha um homem, e a oração *que vinha a cavalo* apenas explica como ele vinha). O mesmo se aplica a termos de oração, que podem igualmente ser restritivos ou explicativos. Exemplos: *O juiz de Direito José Campos foi designado para atuar no caso. / O juiz de Direito da Comarca de Porto Novo, José Campos, foi designado para atuar no caso.* Como se observa, no primeiro caso o nome do juiz está sem vírgulas, porque restringe entre o conjunto de juízes, enquanto no segundo está entre vírgulas, porque naquela Comarca há apenas um juiz. É importante destacar que, nos casos de elementos explicativos, estes podem ser retirados das frases sem afetar a essência do sentido, o mesmo não ocorrendo nos casos de elementos restritivos.

• **Vírgula separando elementos compostos.** Sempre que o sujeito, o complemento verbal ou qualquer termo de oração for constituído de mais de um núcleo, ocorrem vírgulas: *João, Pedro e Maria não compareceram. / Com chuva, com neblina e à noite, o cuidado deve ser redobrado.*

• **Vírgula entre o sujeito e o verbo.** Sempre se disse que é crime colocar vírgula entre sujeito e predicado. E é, porque interromperia o fluxo da oração e, em muitos casos, modificaria o significado. Observe os exemplos:

✓ *Manuel liga o pisca-pisca.* Aqui *Manuel* é sujeito, e *liga*, forma verbal do presente do indicativo, é o núcleo do predicado, não cabendo vírgula entre os dois.

✓ *Manuel, liga o pisca-pisca.* Agora *Manuel* não é sujeito, mas, sim, vocativo, enquanto *liga* está na forma imperativa; neste caso, exige-se a vírgula. Observe que o significado mudou radicalmente.

✓ *"Quem sabe faz a hora..."* (Geraldo Vandré). Temos aqui duas orações: *Quem sabe* / e / *faz a hora*. A primeira tem a função de sujeito (oração subordinada substantiva subjetiva) da segunda. Portanto, não cabe vírgula depois da primeira, apesar de alguns gramáticos a admitirem e, em alguns casos, a clareza recomendar, especialmente quando os dois verbos estão conjugados no mesmo tempo e pessoa verbais: *Quem viver, verá.* / *Quem lê, sabe.* / *Quem observa, aprende.*

✓ *Quem sabe, sabe.* Aqui, como se repete a mesma forma verbal (*sabe*), o uso da vírgula se impõe, em função da clareza na estrutura do período.

• **Ponto e vírgula.** Há quem discuta a utilidade do ponto e vírgula, pregando até mesmo sua eliminação. No entanto, ocorrem situações em que este sinal de pontuação é essencial para a estrutura do texto e para dar vigor ao significado. Vejamos:

✓ *"Se tens muita coisa, dá de teus bens; se tens pouco, dá de teu coração."* Em regra, todo ponto e vírgula pode ser substituído por ponto, é verdade. Neste provérbio árabe, trocando o ponto e vírgula por ponto, a estrutura continuaria correta e a essência do sentido seria mantida, mas perderia em vigor. O ponto e vírgula, neste caso, é um sinal de pontuação que marca o fim de uma frase, mas avisa o leitor de que a ideia continua, ainda não foi encerrada. Outro bom exemplo vem do antigo Código Civil brasileiro:

✓ *"Na falta do cônjuge, é curador legítimo o pai; na falta deste, a mãe; e, na desta, o descendente maior."* Convenhamos que trocar os pontos e vírgulas por pontos diminuiria em muito a clareza e o vigor do significado.

✓ O ponto e vírgula tem outros usos:

a) Serve para separar partes maiores de uma estrutura frasal que já são compostas por partes menores, como em: *"Chorarão as mulheres, vendo que não se guarda decoro à sua modéstia; chorarão os velhos, vendo que não se guarda respeito às suas clãs; chorarão os nobres, vendo que não se guarda cortesia à sua qualidade."* Outro bom exemplo dessa utilidade do ponto e vírgula podemos retirar do pensador alemão Schopenhauer: *"As pessoas comuns pensam em como passar o tempo; um homem de intelecto pensa em como usar o tempo."*

b) Usa-se também para separar orações coordenadas cujo conectivo esteja deslocado: *Nosso tempo é muito escasso; evitaremos, portanto, assumir novos compromissos. Estavam sem qualquer saída; restava-lhes, pois, entregar sua alma a Deus.*

• **Ponto de interrogação.** Este sinal de pontuação é usado para marcar frases interrogativas: *Quem disse isso?*

• **Ponto de exclamação.** É sinal utilizado para marcar frases exclamativas, com vistas a manifestar sentimentos de emoção, surpresa, espanto, entre outros: *Que coisa! Barbaridade, tchê!*

• **Reticências:** São usadas para marcar a interrupção do discurso, por não haver interesse, para deixar por conta do leitor, por evidente, ou outra razão: *Ou você estuda, ou...* M. Quintana escreveu: "Reticências são os três primeiros passos de um pensamento que continua..."

CRASE

Em qualquer circunstância, sempre que ocorrer a soma de **a + a**, será caso de crase. Acompanhe os exemplos:

✓ *Ele se referiu à irmã de Paulo.* O verbo *referir-se* rege a preposição **a**, que somado ao artigo **a** gerou a presença de **aa**, que se convencionou grafar com apenas um **a**, mas marcado pelo acento grave. A presença do **a** artigo se confirma ao trocarmos a palavra feminina por uma correspondente masculina: *Ele se referiu ao irmão de Paulo;* **ao** é a soma da preposição **a** com o artigo **o**, assim como em *à irmã* **a** é a soma da preposição **a** com o artigo **a**. Essa é a lógica desse consagrado truque.

✓ *Este curso visa à prova.* Novamente, em *à prova* ocorre a soma da preposição **a**, exigida pelo verbo *visar* quando tem o sentido de *ter como meta, objetivo,* com o artigo **a**.

✓ *Fui a Brasília / Fui à Bahia.* A preposição está nos dois exemplos, mas o artigo só ocorre no segundo; daí a justificativa da crase em *Fui à Bahia,* e não no primeiro exemplo. Isso acontece porque diante de alguns topônimos se usa o artigo (a Bahia, o Rio de Janeiro, o Paraná, a Paraíba, o Rio Grande do Sul, a Itália, a Rússia, a região Norte, etc.) e com outros não (Brasília, São Paulo, Porto Alegre, Santa Catarina, Paris, etc.). Para testar a presença do artigo – portanto, a existência da crase –, existe um truque sempre aplicável: voltar. *Voltei de Brasília / Voltei da Bahia.* Como se observa, no primeiro exemplo, na volta ocorreu apenas a preposição **de**, enquanto no segundo houve a soma da preposição **de** com o artigo **a**. É necessário, no entanto, estar muito atento: sempre que se especificar com algo relativo ao topônimo, o artigo estará presente, gerando crase: *Fui à Brasília do Palácio do Planalto*. Na volta, identificamos a presença da preposição e do artigo, gerando crase: *Voltei **da** Brasília do Palácio do Planalto*.

✓ *Ele escreve à Machado de Assis*. Como o **a** está diante de palavra masculina, poder-se-ia supor que estaria faltando o artigo **a** para caracterizar a crase. No entanto, subentende-se aqui a locução adverbial feminina *à maneira de,* que trocada pela locução na versão masculina resultaria em *ao modo de,* portanto com a preposição **a**, seguida do artigo masculino **o**.

✓ *Fui a casa / Fui à casa dos pais*. Repete-se o mesmo: no primeiro exemplo, não há artigo, que no segundo está presente. Se trocarmos a preposição **a** pela sua correspondente **para**, isso ficará claro: *Fui para casa / Fui para a casa dos pais*. Portanto, justifica-se a regra segundo a qual a palavra *casa* não admite crase quando tem o sentido de *lar,* tudo porque com esse sentido não se usa o artigo.

✓ *Os marinheiros chegaram a terra exaustos / Os astronautas voltaram à Terra*. Como se observa, no primeiro exemplo não há crase; no segundo, sim. Ocorre que com o sentido de *solo,* em oposição a água, não se usa artigo, faltando, portanto, o segundo **a**; para confirmar a ausência do **a** artigo, basta observar a frase: *Pisei em terra,* e não *na terra*. No segundo exemplo, a crase ocorre, pois *os astronautas voltaram **ao** planeta Terra* (*ao* = *a* prep. + *o* art.). Com o sentido de lugar, a crase também ocorre: *Voltei à terra em que nasci* (*Voltei **ao** lugar em que nasci*).

✓ *Recorri a ela oportunamente. / Não responderei a V. Exa*. Não pode haver crase antes de pronome pessoal e dos pronomes de tratamento iniciados por pronome possessivo (*vossa* e *sua*), pela simples razão de esses pronomes não admitirem a presença de artigo.

✓ *Não me dirigirei a nenhuma delas*. Antes de pronome indefinido não há crase porque também não admitem a presença de artigo definido; claro, ele é indefinido...

✓ *Refiro-me a esta, e não àquela*. Este é um caso especial de crase: os pronomes demonstrativos iniciados por **a** estão sujeitos a crase; isso ocorre sempre que forem precedidos da preposição **a**. Truque: troque o pronome demonstrativo iniciado por **a** por um iniciado por outra vogal; se na troca ocorrer a presença de **a**, esse mesmo **a** ocorre com o pronome iniciado por **a**, com que se funde, caracterizando a crase.

✓ *Falei a (à) sua irmã.* Antes do pronome possessivo feminino, pode-se usar o artigo, ou não, razão por que se considera ocorrer crase, ou não. Em outras palavras, posso dizer *sua irmã* ou *a sua irmã, minha mãe* ou *a minha mãe,* e assim por diante. Em outras palavras, o uso do acento indicativo de crase é opcional diante de pronomes possessivos femininos.

✓ *Esta é a menina a que te referes.* / *Esta é a menina à qual te referes.* O único pronome relativo sujeito a crase é *a qual* (e seu plural: *as quais*), por ser o único que admite a presença do artigo.

✓ *Assisti às aulas do dia, menos à de Inglês.* O pronome demonstrativo **a** está sujeito a crase, desde que o verbo exija a presença da preposição **a**, como é o caso do exemplo. Truque: basta inserir o substantivo que esse pronome substitui e trocá-lo por palavra masculina; no exemplo, *aula: Assisti às aulas (aos encontros) do dia, menos à aula (ao encontro) de Inglês.*

✓ *Das 14 às 18 horas.* / *De 10 a 30 de setembro.* / *Da 3.ª à 5.ª sessão.* Antes de numerais cardinais, só há crase na indicação de horas, porque ocorre locução adverbial feminina iniciada por **a**. Diante de numerais ordinais, depende da presença ou não do **a** artigo, utilizando-se o mesmo truque empregado para verificar se há crase diante dos substantivos em geral.

✓ *De segunda a sexta-feira.* / *Das segundas às sextas-feiras.* Para verificar se ocorre crase antes dos dias da semana femininos, basta trocar por dia masculino: *De segunda a sábado.* / *Das segundas aos sábados.*

✓ *De janeiro a março.* Diante dos nomes dos meses nunca haverá crase, pois são todos masculinos.

✓ *Frente a frente.* / *Dia a dia.* Nunca haverá crase no **a** situado entre palavras que se repetem.

COLOCAÇÃO DO PRONOME OBLÍQUO

A colocação do pronome oblíquo é uma questão de sintaxe, pois integra o estudo das relações entre os termos de uma oração e entre as orações de um período. Sua posição em relação ao verbo, no entanto, é definida nos campos da fonologia e da estilística, por se tratar de uma questão de eufonia (*eu:* bom; *foné:* som = bom som). Em outras palavras, aceita-se qualquer posição que resultar em bom som, que "não fere o ouvido". É nisso que se baseiam as regras de colocação do pronome oblíquo. As normas têm certa relatividade, pois há casos em que a colocação do pronome pode ser antes ou depois do verbo, já que nenhuma delas fere a eufonia: *João me disse que não sabia do caso. João disse-me que não sabia do caso.* Como se trata de questão eufônica, é claro que sofreu influência significativa do uso coloquial, oral, da língua.

São três as posições possíveis:

Próclise. O pronome é colocado antes do verbo: *Não se cogita disso.*

Ênclise. O pronome é colocado depois do verbo: *Vende-se esta casa.*

Mesóclise (*meso:* no meio). O pronome é colocado no meio do verbo, entre a raiz e a desinência. Esta colocação se dá apenas nos dois futuros (do presente e do pretérito): *Dir-te-ei (dir-te-ia) amanhã.* Com os dois futuros, nunca se usa ênclise: *Direi-te / Diria-te.* Claro, resultaria em cacofonia (*caco:* feio), em som feio. A próclise, sim, dá bom som, sempre que for o caso: *Não te direi / diria.*

Após exame acurado das diversas situações de uso do pronome oblíquo, os gramáticos definiram uma série de casos em que ocorre cacofonia. Vamos partir do princípio de que a posição normal é a ênclise. Só se optará pela próclise quando houver motivo para isso. Observemos alguns exemplos:

✓ *Me disse que não iria.* Não se inicia frase com pronome oblíquo, devendo-se optar pela ênclise: *Disse-me que não iria.* A linguagem coloquial, no entanto, consagrou certos usos que contrariam esta norma: *Me parece que sim,* não sendo, portanto, uma regra absoluta.

✓ *Quanto erra-se!* Em frases exclamativas, a ênclise resulta em cacofonia, devendo-se optar pela próclise: *Quanto se erra!*

✓ *Por que lamentas-te?* Também em frases interrogativas o som não é bom quando se opta pela ênclise, impondo-se, por isso, a próclise: *Por que te lamentas?*

✓ *Deus ajude-o.* O mesmo ocorre com as frases que expressam desejo: *Deus o ajude.*

✓ *Para reanimarmo-nos, paramos um pouco.* Com o infinitivo regido de preposição, repete-se o mesmo: *Para nos reanimarmos, paramos um pouco.*

✓ *Em inocentando-o, fez-se justiça.* Repete-se o mesmo com o gerúndio regido da preposição EM: *Em o inocentando, fez-se justiça.*

✓ *Eu disse-lhe que não.* O ouvido rejeita essa forma (ênclise). Regra: os pronomes pessoais atraem o pronome para antes do verbo: *Eu lhe disse que não.*

✓ *Jamais peça-me isso.* Com palavras que expressam negação, deve-se optar sempre pela próclise: *Jamais me peça isso.*

✓ *Esse é o cidadão de que falava-lhe.* Com pronome relativo, o som é melhor usando a próclise: *Esse é o cidadão de que lhe falava.*

✓ *Ficaremos muito honrados se derem-nos a preferência.* Com as conjunções subordinativas, também o som é melhor se optarmos pela próclise: *Ficaremos muito honrados se nos derem a preferência.*

✓ *Aqui encontramo-nos a primeira vez.* Os advérbios atraem o pronome para antes do verbo: *Aqui nos encontramos a primeira vez.*

✓ *Aquilo descansava-o.* Os pronomes demonstrativos também atraem o pronome: *Aquilo o descansava.*

✓ *Alguém disse-me isso.* Também os pronomes indefinidos exercem atração: *Alguém me disse isso.*

✓ *Não pedir-lhe-ei nada.* Mesmo com os dois futuros – do presente e do pretérito –, a próclise se impõe: *Não lhe pedirei nada.* Não havendo motivo para a próclise, nos futuros sempre se usa mesóclise: *Pedir-lhe-ei tudo.* Jamais a ênclise: *Pedirei-lhe tudo.*

Enfim, veja como este pequeno-grande poema mostra que há um contraste quanto ao uso do pronome oblíquo entre a língua *escrita* e a *falada*:

PRONOMINAIS

Dê-me um cigarro
Diz a gramática
Do professor e do aluno
E do mulato sabido
Mas o bom negro e o bom branco
Da Nação Brasileira
Dizem todos os dias
Deixa disso camarada
Me dá um cigarro

(Oswald de Andrade)

5.ª parte
Suplementos

Ler sem refletir é como comer sem digerir.
(Marquês de Maricá)

MODELOS DE ANÁLISE SINTÁTICA

Análise interna: termos da oração

Os professores assinalam, em seus cadernos de chamada, a presença dos alunos.

Sujeito, simples: *Os professores;* núcleo: *professores;* adjunto adnominal de *professores: Os.*
Predicado, verbal: *assinalam, em seus cadernos de chamada, a presença dos alunos;* o verbo *assinalar* é transitivo direto; objeto direto: *a presença dos alunos;* adjunto adnominal de *presença: a;* complemento nominal de *presença: dos alunos.*
Adjunto adverbial de lugar: *em seus cadernos de chamada;* adjuntos adnominais de *cadernos: seus, de chamada.*

Análise externa: orações do período

A. Não corra demais, pois a estrada está cheia de buracos.

Período composto por coordenação, formado por duas orações independentes.
1.ª **oração**: *Não corra demais* – coordenada assindética.

Sujeito, simples, subentendido pela desinência do verbo: *você*.
Predicado verbal: *Não corra demais;* o verbo *correr* é intransitivo.
Adjunto adverbial de negação: *Não*.
Adjunto adverbial de intensidade: *demais*.
2.ª oração: *pois a estrada está cheia de buracos* – coordenada sindética explicativa.
Sujeito, simples: *a estrada;* adjunto adnominal de *estrada: a*.
Predicado, nominal: *está cheia de buracos;* verbo de ligação: *está;* predicativo do sujeito *estrada: cheia;* complemento nominal de *cheia: de buracos*.

B. O Vaticano assinalou que as teorias de Charles Darwin não contrariam os dogmas católicos.

Período composto por subordinação; consta de uma oração independente, principal do período, e de uma oração subordinada à principal.
1.ª oração: *O Vaticano assinalou* – principal.
Sujeito, simples: *O Vaticano;* adjunto adnominal de *Vaticano: o*.
Predicado, verbal: *assinalou; assinalar* é verbo transitivo direto, sendo seu objeto direto a oração seguinte.
2.ª oração: *que as teorias de Charles Darwin não contrariam os dogmas católicos*.
Sujeito, simples: *as teorias de Charles Darwin;* adjuntos adnominais de *teorias: as* e *de Charles Darwin*.
Predicado, verbal: *não contrariam os dogmas católicos; contrariar* é verbo transitivo direto; objeto direto: *os dogmas católicos;* adjuntos adnominais de *dogmas: os* e *católicos*.

Testes de revisão

I. ANÁLISE SINTÁTICA

1. (UEL-PR) O período em que há uma oração sem sujeito é:
   a) Embarcaríamos, ainda que a ventania aumentasse.
   b) Caso ocorram ventos fortes, suspenderemos o embarque.
   c) Se ventar, não teremos como embarcar.
   d) Chegam do Sul, com a chuva, os ventos que impedem o embarque.
   e) A ventania ameaçava o nosso embarque, mas, enfim, moderou.

2. (FMU) Observe os termos destacados:
   "Passei **o dia** à toa, à toa."
   "Passei **a vida** à toa, à toa."
   Tais termos exercem:
   a) a mesma função sintática: sujeito do verbo *passar*.
   b) a mesma função sintática: objeto direto do verbo *passar*.
   c) a mesma função sintática: adjunto adverbial de modo.
   d) funções sintáticas diferentes: o primeiro é adjunto adverbial; o segundo, sujeito.
   e) funções sintáticas diferentes: o primeiro é objeto direto; o segundo, sujeito do verbo *passar*.

3. (F. Objetivo-SP) Em "Se descobrissem a desmoralização que reina dentro de mim", temos, respectivamente, verbos:
   a) transitivo direto e transitivo indireto.
   b) transitivo direto e de ligação.

c) transitivo indireto e intransitivo.
d) transitivo direto e intransitivo.
e) intransitivo e intransitivo.

4. (UEPG-PR) Assinale a oração cuja frase possui predicado verbo-nominal:
   a) O professor entrou na sala pensativo.
   b) Ele andava a passos largos.
   c) Ninguém lhe era agradável.
   d) Em qualquer situação, continuava sorrindo.
   e) Foi sofrível tua participação.

5. (Cesgranrio) Assinale a opção em que houve erro ao se substituir a expressão destacada pelo pronome oblíquo:
   a) "antecederam a Segunda Guerra Mundial" / antecederam-lhe.
   b) "iniciando a série de *science-fiction*" / iniciando-a.
   c) "procuraram descrever a sociedade do futuro" / procuraram descrevê-la.
   d) "presenciava todos os atos individuais" / presenciava-os.
   e) "caracterizam as modificações" / caracterizam-nas.

6. (TJ-SP) Marque a única alternativa cujo termo em destaque não é objeto indireto:
   a) O filho dera muitas alegrias **à sua velhice**.
   b) Senhor, rogai **por nós**.
   c) A mãe não **lhe** negaria o perdão.
   d) **Desta água** não beberei.
   e) Nunca **te** pedi dinheiro.

7. (UFPR) Na oração: "O alvo foi atingido por uma bomba formidável", a locução **por uma bomba formidável** tem a função de:
   a) objeto indireto.
   b) agente da passiva.
   c) adjunto adverbial.
   d) complemento nominal.
   e) adjunto adnominal.

8. (ESPM) Observe as frases abaixo:
   As empresas globais têm condições de melhorar **os produtos**.
   Os portugueses romperam **o monopólio das cidades**.
   O *chip* acabará tendo **o mesmo preço**.

Substituindo-se o termo destacado em cada frase pelo pronome correspondente, têm-se, respectivamente:
a) lhes – lhe – lo
b) lo – lhe – o
c) los – no – o
d) lhes – no – lo
e) los – o – lhe

9. (Unitau-SP)
"**Ó pedaço de mim,**
Ó metade afastada de mim,
Leva **o teu olhar,**
Que a saudade é o pior tormento,
É pior do que o esquecimento,
É pior do que se entrevar."
(Chico Buarque de Holanda)

Os termos em negrito no poema exercem, respectivamente, a função sintática de:
a) sujeito – objeto direto
b) sujeito – sujeito
c) aposto – objeto direto
d) aposto – sujeito
e) vocativo – objeto direto

10. (Medicina/ABC) Na oração: "Sem dúvida, esta menina toca piano muito bem", a palavra **piano** e a palavra **menina** são, respectivamente:
a) sujeito e agente da passiva.
b) agente da passiva e sujeito.
c) adjunto adverbial de instrumento e sujeito.
d) objeto direto e sujeito.
e) adjunto adverbial de modo e sujeito.

11. (TJ-SP) Assinale a alternativa em que o termo em destaque é um adjunto adnominal:
a) Voltaremos **cedo** para casa.
b) Coragem, **amigos**, não desanimem!
c) Onde estão **os** alunos?
d) Encontrei-o muito **animado** ontem.
e) Ele parece ter ódio **do rapaz**.

12. (FUVEST-SP) Classifique as orações em destaque do período a seguir: "**Ao analisar o desempenho da economia brasileira,** os empresários afirmaram **que os resultados eram bastante razoáveis,** uma vez que a produção não aumentou, mas também não caiu."
    a) principal – subordinada adverbial final
    b) subordinada adverbial temporal – subordinada adjetiva restritiva
    c) subordinada adverbial temporal – subordinada substantiva objetiva direta
    d) subordinada adverbial temporal – subordinada substantiva subjetiva
    e) principal – subordinada substantiva objetiva direta

13. (FEI-SP) "Estou seguro **de que a sabedoria dos legisladores saberá encontrar meios** para realizar semelhante medida." A oração em destaque é substantiva
    a) objetiva indireta.
    b) completiva nominal.
    c) objetiva direta.
    d) subjetiva.
    e) apositiva.

14. (TJ-SP) Identifique a afirmativa verdadeira:
    a) As orações subordinadas ou são adjetivas ou adverbiais.
    b) A preposição que introduz uma oração subordinada nunca pode ser omitida.
    c) Duas orações subordinadas podem estar coordenadas entre si.
    d) Uma oração se denomina principal porque vem antes das outras.
    e) O período composto por subordinação só pode ter duas orações.

15. (Cefet-MG) Em "Já era noite. Parecia viável **que todos entendessem** que, naquele momento, deviam-se lembrar **de que nada é eternamente assim,** mas nada acontece. A verdade é **que todos estavam extasiados** e certos **de que não há prazeres no mundo**", as orações destacadas são, respectivamente, subordinadas substantivas
    a) subjetiva, subjetiva, subjetiva, completiva nominal.
    b) subjetiva, objetiva direta, subjetiva e completiva nominal.
    c) objetiva direta, subjetiva, predicativa e objetiva indireta.
    d) subjetiva, objetiva indireta, predicativa e completiva nominal.
    e) objetiva direta, objetiva indireta, predicativa e objetiva indireta.

16. (PUCCamp-SP) Assinale o período em que há uma oração adjetiva restritiva:
    a) A casa onde estou é ótima.
    b) Brasília, que é a capital do Brasil, é linda.
    c) Penso que você é de bom coração.
    d) Vê-se que você é de bom coração.
    e) Nada obsta a que você se empregue.

17. (PUC-Campinas) "Nunca chegará ao fim, **por mais depressa que ande.**" A oração destacada é:
    a) subordinada adverbial causal.
    b) subordinada adverbial concessiva.
    c) subordinada adverbial condicional.
    d) subordinada adverbial consecutiva.
    e) subordinada adverbial comparativa.

18. (Crea-SP) Indique a alternativa em que ocorre relação de finalidade entre a oração subordinada e a principal:
    a) Para ter acesso aos escritórios, é preciso se identificar e fazer uma fotografia digital.
    b) Mesmo assim, os assaltantes não tiveram dificuldade ao passar pela portaria e entrar no elevador junto com o empresário.
    c) Assim que a vítima deixou o elevador, com o dinheiro em uma sacola, foi abordada pelo assaltante.
    d) Com a reação do empresário, os outros três assaltantes que estavam no elevador sacaram uma arma.
    e) Com a exibição de filmes na 29.ª Mostra Internacional de Cinema, a frequência aumentou 25%.

19. (UFViçosa-MG) No seguinte período:
    "Choveu durante a noite, *porque as ruas estão molhadas*", a oração destacada é:
    a) subordinada adverbial consecutiva.
    b) coordenada sindética explicativa.
    c) subordinada adverbial causal.
    d) coordenada sindética conclusiva.
    e) subordinada adverbial concessiva.

20. (Mackenzie-SP) Em relação a "Eles venceram e o sinal está fechado para nós, que somos jovens." (Belchior), é correto afirmar:
   a) é um período composto só por coordenação, em que a 3.ª oração é sindética.
   b) é um período composto só por coordenação.
   c) é um período composto somente por orações assindéticas.
   d) é um período composto por coordenação e subordinação, em que a 3.ª oração é subordinada.
   e) a segunda oração é subordinada à primeira.

II. CONCORDÂNCIA VERBAL

Com base no exposto nas páginas 30, 31, 109 e seguintes, resolva as questões de concordância verbal.

1. (PGE-RS) Marque a opção que completa de forma correta os espaços da frase: ".......... cuidadosamente todos os cálculos:............ ainda de novas verbas, pois cinquenta mil reais............ para obra tão complexa".
   a) Fizeram-se – necessitavam-se – é pouco
   b) Fez-se – necessitavam-se – são pouco
   c) Fizeram-se – necessitavam-se – são poucos
   d) Fez-se – necessitava-se – são pouco
   e) Fizeram-se – necessitava-se – é pouco

2. (PGE-RS) Marque a opção que completa de forma correta os espaços da frase: "........ erros nesses cálculos que.......... à pressa e de cabeça; no escritório não........... máquinas de calcular".
   a) Podem haver – se fez – havia
   b) Podem haver – se fizeram – haviam
   c) Pode haver – se fizeram – havia
   d) Pode haver – fizeram-se – tinha
   e) Pode haver – se fez – tinham

3. (PGE-MT) Considere os períodos abaixo:
   I – Hão de se promover ações para salvar o planeta.
   II – Tomar-se-á atitudes eficientes para salvar o planeta.

III – São os cientistas quem deve promover ações para salvar o planeta.
IV – Há de se promover ações para salvar o planeta.

Estão corretos quanto à concordância:
a) apenas I e II.
b) apenas II e IV.
c) apenas I e III.
d) apenas I, III e IV.
e) apenas II, III e IV.

4. (PGE-RO) Marque a alternativa em que houver incorreção na concordância verbal:
   a) Devem-se procurar outras soluções.
   b) Procurar-se-ão os culpados.
   c) É impressionante como se acreditam em boatos.
   d) Necessitar-se-á de novos promotores.
   e) Intimem-se as partes.

5. (TRF-4. R) O verbo indicado entre parênteses deverá adotar obrigatoriamente uma forma do plural para preencher de modo adequado a lacuna da frase:
   a) .... (persistir), a par de tão distintas particularidades dos grupos étnicos, a singularidade dos traços humanos comuns a todas as criaturas.
   b) Não........ (caber) apenas aos documentaristas assumir todos os compromissos com a complexidade do real.
   c) Acima de todas as diferenças culturais,..........-se (impor), nas ficções como na vida, um fundo universal de humanidade.
   d) Ler romances e assistir a filmes são atividades prazerosas a que se.......... (dever) entregar todo aquele que cultive seu processo de formação.
   e) ....-se (ler) com a mesma deferência, na família do autor, um romance policial e uma novela de Dostoiévski.

6. (TRE-SP) Estão plenamente respeitadas as normas de concordância verbal na frase:
   a) Segundo o autor, têm ocorrido a combinação de duas vantagens, que se dão quando a longevidade e o conforto humanos se expandem.
   b) A velocidade dos avanços tecnológicos que todos temos testemunhado trazem consigo não apenas vantagens, mas a aceleração da exclusão social.

c) Superaram-se, sim, no campo da técnica, todas as expectativas, mas também se registre que as desigualdades sociais se agravaram.
d) Tanto aos capitalistas mais liberais quanto aos socialistas mais ortodoxos parecem de pouca importância o que não diz respeito ao campo estrito da economia.
e) Já se constituem de bilhões de pessoas a parcela da humanidade a que não atendem os benefícios dos avanços tecnológicos.

7. (TC Paraíba) As normas de concordância verbal estão plenamente respeitadas na frase:
   a) No período de 1915 a 1923 verificou-se na Turquia, numa campanha de "limpeza étnica", ações que resultaram num genocídio contra a minoria armênia.
   b) Coube aos deputados franceses iniciativas jurídicas contra quem viesse a negar o genocídio de que a minoria dos armênios foram vítimas.
   c) Partiu das diplomacias europeias a iniciativa de pressionar a Turquia para que esta viesse a reconhecer suas responsabilidades no genocídio dos armênios.
   d) Não cabem aos fins justificar quaisquer meios, pois esta fórmula acaba proporcionando uma argumentação cruel e maliciosa, da qual costuma se valer os autoritários.
   e) Ainda que se visem aos bons propósitos, é errôneo justificar a irracionalidade dos meios pela boa intenção das finalidades que se deseja atingir.

8. (TC Paraíba) A forma plural sublinhada está empregada corretamente na frase:
   a) <u>São</u> em premiações como essa que se nota a importância política de um escritor.
   b) Não se <u>devem</u> atribuir aos escritores uma importância exclusivamente política.
   c) O que <u>podem</u> acabar pesando nas atribuições de prêmios são os fatores políticos.
   d) Será que <u>haveriam</u> hoje, na Turquia, escritores mais relevantes que Pamuk?
   e) O prêmio a que <u>poderiam</u> ter feito jus outros escritores foi concedido a Pamuk.

9. (TRF 2.ª R) A frase em que a concordância está totalmente conforme as prescrições da norma padrão da Língua Portuguesa é:
   a) A legalidade e a pertinência dos contratos, pelo menos agora, não é mesmo aferível, dado que no campo das relações luso-latino-americanas deve haver muitos acordos sem registro.
   b) Os diretores houveram por bem antecipar o anúncio das novas diretrizes, que deveriam passar a ser respeitadas imediatamente em quaisquer que fossem as áreas.
   c) Foi irresistível a ideia, naquela ocasião, de se estipularem quais as ações solidárias mais úteis do ano e concluiu-se que não existe condições de acordo nesse particular.
   d) É possível que surja, e não existem pessoas que defendam o contrário, opiniões divergentes de especialistas renomados, e devemos considerá-las com todo respeito.
   e) Os alicerces teóricos do modelo em estudo pode ser encontrado em várias obras, de vários escritores, inclusive na de um chinês, já encontrada em língua portuguesa.

10. (TRF 1.ª R) Para que se respeite a concordância verbal, será preciso corrigir a frase
    a) Têm havido dúvidas sobre a capacidade do sistema de saúde cubano.
    b) Têm sido levantadas dúvidas sobre a capacidade do sistema de saúde cubano.
    c) Será que o sistema de saúde cubano tem suscitado dúvidas sobre sua eficácia?
    d) Que dúvidas têm propalado os adversários de Cuba sobre seu sistema de saúde?
    e) A quantas dúvidas tem dado margem o sistema de saúde de Cuba?

III. CONCORDÂNCIA NOMINAL

Com base no exposto nas páginas 70, 113 e seguintes, resolva agora questões de concordância nominal.

1. (PGE-RS) Marque a opção em que há erro de concordância nominal:

a) Creio que já temos provas bastantes para encerrar a instrução.
b) Este anel contém dois gramas de ouro.
c) Falam-se na Suíça as línguas francesa, italiana e alemã.
d) Dedicam-se exclusivamente à edição de boletins econômico-fiscais.
e) Anexo, enviamos-lhe a matéria já referida.

2. (UM-SP) Na frase "As negociações estariam *meio* abertas só depois de *meio* período de trabalho", as palavras grifadas são, respectivamente:
   a) adjetivo – adjetivo
   b) advérbio – advérbio
   c) advérbio – adjetivo
   d) numeral – adjetivo
   e) numeral – advérbio

3. (F. C. Chagas-RJ) Assinale a alternativa que preenche corretamente as lacunas da frase: "Elas.......... providenciaram os atestados, que enviaram.......... às procurações, como instrumentos.......... para os fins colimados".
   a) mesmas – anexos – bastantes
   b) mesmo – anexo – bastante
   c) mesmas – anexo – bastante
   d) mesmo – anexos – bastante
   e) mesmas – anexos – bastante

4. (F. Med. Catanduva) Observe a concordância:
   1. Entrada proibida.
   2. É proibido entrada.
   3. A entrada é proibida.
   4. Entrada é proibido.
   5. Para quem a entrada é proibido?

   a) A número 5 está errada.
   b) A 4 e a 5 estão erradas.
   c) A 2 está errada.
   d) Todas estão certas.
   e) A 2 e a 5 estão erradas.

5. (Esaf) Aponte a opção cuja sequência preenche corretamente as lacunas deste período: "Muito.........., disse ela. Vocês procederam.........., considerando meu ponto de vista e minha argumentação............":
   a) obrigado – certos – sensata
   b) obrigada – certo – sensatos
   c) obrigada – certos – sensata
   d) obrigada – certos – sensatos
   e) obrigado – certo – sensatos

IV. REGÊNCIA E CRASE

Com base no exposto nas páginas 52, 66, 118 e seguintes, resolva as questões de regência e crase.

1. (PGE-RS) Marque a opção em que há erro relacionado com o emprego do sinal de crase:
   a) Irei amanhã à Porto Alegre.
   b) Deram o devido cuidado a nossas questões.
   c) Hoje, dei um belo presente à minha amada.
   d) O inverno vem a cavalo e o verão volta a pé.
   e) Tens um estilo à Érico Veríssimo.

2. (PGE-RS) Marque a opção que completa corretamente o espaço: "Joana, eu não gostaria de interrom........, mas preciso fazer-lhe umas perguntas".
   a) pê-la
   b) per-lhe
   c) per
   d) pe-la
   e) pe

3. (TRF-4.ª R) Está correto o emprego da forma sublinhada na frase:
   a) Na família do autor, romances eram lidos livremente; quanto aos filmes, todos também assistiam-nos com grande interesse.
   b) Quando o autor leu o romance "O Caçador de Pipas", de cujas páginas tanto se agradou, absorveu o sentido universal da história narrada.
   c) Muitos depreciam as ficções – não o autor do texto, que lhes considera essenciais para a formação de um indivíduo.
   d) Admirar um romance de Dostoiévski, de cujo valor ninguém contesta, não exclui a possibilidade de se admirar o gênero policial.
   e) Rememorando os hábitos de sua família, louva-lhes o autor como estímulos essenciais para a sua formação de leitor.

4. (TRF-4.ª R) Quanto à observância da necessidade do sinal de crase, a frase inteiramente correta é:
   a) Voltam-me à memória os romances a que me dediquei como jovem leitor, bem como os filmes a que assisti com tanto prazer.
   b) Se à princípio os jovens demonstram pouco interesse pelas ficções, o contínuo estímulo a elas pode reverter esse quadro.
   c) Quem se entrega à boa leitura pode avaliar sua inestimável contribuição à uma vida interior mais rica e mais profunda.
   d) Ao se referir à ficção de "O Caçador de Pipas", o autor tomou-a como exemplo essencial a argumentação que desenvolvia.
   e) Os que se dedicam à cultivar a boa literatura sabem o quanto é difícil dotar as palavras de um sentido verdadeiramente essencial.

5. (MP-RS) Assinale a alternativa em que falta o acento indicativo de crase:
   a) Aqueles consumidores que se sentirem lesados pela desconfiança do comerciante devem procurar o Sistema Nacional de Proteção ao Consumidor.
   b) Tem de declinar todos os seus dados pessoais aquele consumidor que quiser pagar com cheque.
   c) Aquela consumidora é surpreendida pela recusa do cheque.
   d) Aquele consumidor que possui conta há menos de seis meses é considerado pilantra.
   e) Aquele consumidor que passou mais do que quatro cheques no mesmo dia é atribuída automaticamente a pecha de caloteiro.

6. (TRE-SP) Há falta ou ocorrência indevida do sinal de crase no período:
   a) Não se estenderam os benefícios da tecnologia àqueles que sempre viveram à margem do progresso.
   b) Ao pensamento do autor opõem-se àqueles que preferem a exclusividade à universalização dos benefícios trazidos pela tecnologia.
   c) É sobretudo à luz da ética e da política que se revela claramente a exclusão que tem sido imposta à grande maioria da população do planeta.
   d) Não se devem levar àqueles que estão excluídos informações falsas, como a de que os avanços tecnológicos servem a todas as pessoas.
   e) Quando se atribui a não importa quem seja algum direito exclusivo, a essa exclusividade corresponderão muitas exclusões.

7. (TRF 1.ª R) *O editorial é um desrespeito à soberania de Cuba.*
   A frase acima permanecerá formalmente correta caso se substitua o segmento sublinhado por
   a) constitui uma afronta da soberania de Cuba.
   b) representa um atentado contra a soberania de Cuba.
   c) estabelece uma restrição com a soberania de Cuba.
   d) é uma desconsideração em meio à soberania de Cuba.
   e) trata com descaso pela soberania de Cuba.

8. (TRF 1.ª R) A expressão **com que** preenche corretamente a lacuna da frase:
   a) Foi dura, mas justa, a réplica.......... Sérgio Pastrana se valeu, em desagravo à dignidade do país.
   b) Foi grande a repercussão.......... obteve o editorial da revista entre pesquisadores latino-americanos.
   c) A muitos cubanos ofenderam os termos.......... o editorial se referiu ao futuro do país.
   d) As grandes potências costumam ser presunçosas quando analisam o tipo de sociedade.......... os pequenos países escolheram construir.
   e) A revista britânica esqueceu-se de que os cubanos notabilizaram-se pelo sentimento de solidariedade.......... já demonstraram nas últimas décadas.

9. (TJ-SP) Que frase apresenta erro na regência nominal?
   a) Ninguém está imune a influências.
   b) Ela já está apta para dirigir.
   c) Tinha muita consideração por seus pais.
   d) Ele revela muita inclinação com as artes.
   e) Era suspeita de ter assaltado a loja.

10. (U. F. MT) Assinale a opção que completa de forma correta as lacunas: "Mostrou-se admirado....... não ver o amigo........ ia apresentar protestos....... estima":
    a) de – a quem – de
    b) de – quem – na
    c) por – à quem – de
    d) por – à quem – na
    e) por – quem – de

V. PONTUAÇÃO

Com base no exposto nas páginas 66, 73, 75, 83, 98, 103, 106, 115 e seguintes, resolva as questões de pontuação.

1. (TRT-4.ª R) Quanto à pontuação, a frase inteiramente correta é:
   a) Não é de se imaginar, realmente, que um texto publicado em jornal possa aspirar à mesma permanência a que, em princípio, fariam jus os textos cuidadosamente editados em livro.
   b) Quando Rubem Braga já velho, compareceu ao evento programado, notou-se que, mais do que apenas abatido estava impaciente, com as perguntas que lhe faziam.
   c) Ressalte-se que, houve antes de Rubem Braga cronistas importantes, mas nenhum deles se dedicou exclusivamente às crônicas, nem lhes deu como Braga, tal densidade poética.
   d) Muitos trabalhadores do povo que jamais haviam merecido atenção mais séria, passaram a ser protagonistas, de inesquecíveis crônicas de Rubem Braga.
   e) Nos jornais, ou em livros as crônicas de Braga costumam prender a atenção do leitor, com tanta intensidade que este não é capaz de arredar os olhos do texto, fascinado, que fica.

2. (TRE-SP) Assinale a alternativa em que a pontuação está inteiramente correta:
   a) O tema da exclusão, que está no centro desse texto, representa-se em muitas outras páginas do autor, que, entre outros cargos, ocupou o de reitor da UNB.
   b) A exclusão é sem dúvida, um tema da modernidade, quando as ilusões da globalização fazem crer que estejamos todos, incluídos no desenvolvimento internacional.
   c) Entre as ilusões da modernidade, estão os sonhos de consumo, acalentados por muitos, principalmente, por aqueles que pouco acesso têm, ao mercado globalizado.
   d) Quem é que não sonha com mais tempo livre, no entanto, esse é um privilégio reservado aos que desfrutam de fato, dos benefícios do progresso tecnológico.

e) Ter muito tempo livre para os mais pobres, pode significar ter pouco trabalho, menos condições de ganhar seu sustento, ou que dirá de sonhar com o consumo.

3. (TC Paraíba) Está inteiramente adequada a pontuação da seguinte frase:
   a) Na Turquia que continua a negar, que haja cometido genocídio, a premiação de Pamuk, com o Nobel de Literatura ganhou extraordinária repercussão.
   b) Teria sido melhor que, os deputados franceses, não houvessem enviado um projeto que, indubitavelmente, em nada colabora, para o direito à livre expressão.
   c) Ganhador do Nobel o escritor Orhan Pamuk, é, na Turquia um dos escritores que vêm questionando o *status quo* da política nacional, incluindo-se aí, a questão armênia.
   d) Se é inquestionável, o fato de ter ocorrido uma "limpeza étnica", é também inquestionável, o fato de que o governo turco faça tudo para apagá-la da história.
   e) Negar um crime é cometer outro, com o agravante de que tendemos, quase sempre, a repetir os erros que, na cegueira nossa, afirmamos jamais haver cometido.

4. (TRF 1.ª R) Considere as seguintes frases:
   I. O editorial calou fundo nos pesquisadores latino-americanos, que a ele reagiram com firmeza.
   II. O povo cubano deve decidir, por si mesmo, se precisa ou não de ajuda externa.
   III. Ofertas de auxílio podem ser constrangedoras, quando não solicitadas.

   A eliminação da(s) vírgula(s) altera o sentido somente do que está em
   a) I.
   b) II.
   c) III.
   d) I e II.
   e) II e III.

5. (F. Carlos Chagas) Assinale a letra que corresponde ao período de pontuação correta:
   a) Prezados colegas deixemos agora a boa conversa, de lado!
   b) Prezados colegas deixemos agora, a boa conversa de lado!
   c) Prezados colegas, deixemos agora, a boa conversa de lado!
   d) Prezados colegas deixemos agora a boa conversa de lado!
   e) Prezados colegas, deixemos agora a boa conversa de lado!

6. (FCMT-SP) Assinale a alternativa incorreta quanto às normas de uso da vírgula. Emprega-se a vírgula para
   a) intercalar expressões explicativas (isto é, a saber).
   b) separar o verbo do seu objeto direto.
   c) separar o local e a data na correspondência.
   d) separar as orações adjetivas explicativas.
   e) isolar o vocativo.

7. (Crea-SP) Quanto às vírgulas que aparecem no trecho "o rico tem telefone fixo, que é analógico; o pobre tem o celular, que é digital", pode-se dizer que:
   a) servem para diferenciar ricos de pobres.
   b) indicam um tom exclamativo.
   c) aparecem em orações adjetivas.
   d) separam os sujeitos dos objetos diretos.
   e) reforçam a repetição de um termo.

8. (Nossa Caixa, SP) Assinale a alternativa correta quanto à pontuação:
   a) Em Mato Grosso do Sul, uma placa anuncia: "Com sua chegada, Bonito ficou lindo."
   b) Em Mato Grosso do Sul uma placa anuncia: "Com sua chegada, Bonito ficou lindo."
   c) Em Mato Grosso do Sul, uma placa anuncia: "Com sua chegada, Bonito, ficou lindo."
   d) Em, Mato Grosso do Sul, uma placa anuncia: "Com, sua chegada, Bonito ficou lindo."
   e) Em Mato Grosso do Sul, uma placa, anuncia: "Com sua chegada, Bonito, ficou lindo."

9. (FUVEST-SP) Aponte a alternativa pontuada corretamente:
   a) Com as graças de Deus vou indo mestre José Amaro!
   b) Com as graças de Deus, vou indo mestre José Amaro!
   c) Com as graças de Deus, vou indo, mestre José Amaro!
   d) Com as graças, de Deus, vou indo, mestre José Amaro!
   e) Com as graças, de Deus, vou indo mestre, José Amaro!

10. (Cescem-SP) Assinale a alternativa em que o texto abaixo está corretamente pontuado:
    a) Eram frustradas, insatisfeitas; além disso, seus conhecimentos eram duvidosos.
    b) Eram frustradas; insatisfeitas, além disso seus conhecimentos eram duvidosos.
    c) Eram frustradas, insatisfeitas, além disso, seus conhecimentos eram duvidosos.
    d) Eram frustradas, insatisfeitas; além disso seus conhecimentos eram duvidosos.
    e) Eram frustradas insatisfeitas; além disso seus conhecimentos eram duvidosos.

VI. COLOCAÇÃO DO PRONOME OBLÍQUO

Com base no exposto nas páginas 120 e seguintes, resolva as questões de colocação do pronome oblíquo.

1. (PGE-RS) Marque a opção em que há incorreção na forma em destaque:
   a) **Reiteramos-lhes** a necessidade de prosseguir no projeto.
   b) Nunca **conformar-me-ei** com isto.
   c) **Solicitar-lhe-ia** que examinasse melhor a questão.
   d) Viajamos de longe para **te ver.**
   e) Os colegas **lhe querem** prestar uma homenagem.

2. (U. F. Viçosa) Todas as frases estão corretas quanto à colocação dos pronomes oblíquos átonos, exceto:
   a) Se o tivesse encontrado, eu lhe teria dito tudo.
   b) Os alunos tinham preparado-se para a grande prova.

c) Em se tratando de caso urgente, nada o retinha em casa.
d) No portão de entrada da cidade lia-se, em letras garrafais, numa placa de bronze: ESTRANHOS, AFASTEM-SE!
e) Logo que me formar, colocar-me-ei à disposição das empresas.

3. (FCMSC-SP) Há um erro de colocação pronominal em:
    a) "Sempre a quis como namorada."
    b) "Os soldados não lhe obedeceram as ordens."
    c) "Recusei a ideia que apresentaram-me."
    d) "Quando a cumprimentaram, ela desmaiou."
    e) Não há erro.

4. (ITA-SP) Dadas as sentenças:
    1. Seria-nos mui conveniente receber tal orientação.
    2. Em hipótese alguma, enganaria-te.
    3. Você é a pessoa que delatou-me.

    Quanto à colocação do pronome oblíquo, constatamos que está(estão) correta(s):
    a) apenas a sentença n.º 1.
    b) apenas a sentença n.º 2.
    c) apenas a sentença n.º 3.
    d) todas as sentenças.
    e) nenhuma das alternativas.

5. (TJ-SP) Indique a opção que preenche de forma correta as lacunas da frase: "Os projetos que......... estão em ordem; .... ainda hoje, conforme...........".
    a) enviaram-me – devolvê-los-ei – lhes prometi
    b) enviaram-me – os devolverei – lhes prometi
    c) enviaram-me – os devolverei – prometi-lhes
    d) me enviaram – devolvê-los-ei – lhes prometi
    e) me enviaram – os devolverei – prometi-lhes

Respostas dos treinamentos imediatos e dos exercícios de fixação

TREINAMENTO IMEDIATO DAS P. 25 E 26

	Orações	Sujeitos	Núcleos
1	Uma banda de *rock* sacudia a galera.	Uma banda de *rock*	banda
2	O imenso bloco de gelo ruiu em meio às águas do Polo Antártico.	O imenso bloco de gelo	bloco
3	Caiu súbito silêncio.	súbito silêncio	silêncio
4	Um canto mavioso invadia a brisa da noite.	Um canto mavioso	canto
5	Achava-se em ruínas aquela casa na beira da estrada.	aquela casa	casa
6	Cada novo dia permite uma nova aprendizagem.	Cada novo dia	dia
7	A ignorância é a maior enfermidade do gênero humano. (Cícero)	A ignorância	ignorância
8	A primeira criatura de Deus foi a luz.	A primeira criatura de Deus	criatura
9	Um livro fechado é apenas um bloco de papel. (prov. chinês)	Um livro fechado	livro
10	O homem sensato corrige seus erros pelo erro dos outros. (Osvaldo Cruz)	O homem sensato	homem

EXERCÍCIOS DE FIXAÇÃO DAS P. 31-34

A. Complete os espaços pontuados, analisando o sujeito:
1. "A morte e o jogo nivelam todas as classes." (Samuel Foote)
    Sujeito: A morte e o jogo.
    Núcleo(s): morte – jogo.
    Classificação: composto.
2. Pelas coxilhas da campanha, corria o vento frio de agosto.
    Sujeito: o vento frio de agosto.
    Núcleo(s): vento.
    Classificação: simples.
3. Nóbrega e Anchieta salvaram Piratininga do assalto indígena.
    Sujeito: Nóbrega e Anchieta.
    Núcleo(s): Nóbrega, Anchieta.
    Classificação: composto.
4. O *que* e o *se* são pequenas palavras de muitas funções.
    Sujeito: O que e o se.
    Núcleo(s): que, se.
    Classificação: composto.
5. Aprender é mudar.
    Sujeito: Aprender.
    Núcleo(s): Aprender.
    Classificação: simples.
6. A incerteza, o despeito, o receio pintavam-se nos rostos de muitos.
    Sujeito: A incerteza, o despeito, o receio.
    Núcleo(s): incerteza, despeito, receio.
    Classificação: composto.
7. Parece que a situação melhorou.
    Sujeito: que a situação melhorou.
    Núcleo(s): situação.
    Classificação: or. sub. subst. subjet.
8. "Paz e amor" era seu lema predileto.
    Sujeito: "Paz e amor".
    Núcleo(s): "Paz e amor" (lema).
    Classificação: simples.

9. Cobriam a lauta mesa caviar, carne de faisão, uvas especiais e tâmaras.
   Sujeito: caviar, carne de faisão, uvas especiais e tâmaras.
   Núcleo(s): caviar, carne, uvas, tâmaras.
   Classificação: composto.

10. Botaram o bloco na rua aqueles sambistas inveterados.
    Sujeito: aqueles sambistas inveterados.
    Núcleo(s): sambistas.
    Classificação: simples.

B. Diga se o sujeito das orações seguintes é *simples, subentendido (ou implícito), indeterminado,* ou se a *oração é sem sujeito:*

1. À noite, choveu torrencialmente.
   oração sem sujeito
2. Luta-se por mais justiça no mundo.
   indeterminado
3. Não há grandeza sem esforço.
   oração sem sujeito
4. Precisa-se de bons mecânicos.
   indeterminado
5. Fomos sorteados na última Loto.
   subentendido (nós)
6. Alguém bateu à porta.
   simples
7. Nunca se assistiu a um filme tão emocionante.
   indeterminado
8. Era alta noite.
   oração sem sujeito
9. Sombras espessas cobriam as margens daquele rio.
   simples
10. Estão cortando árvores demais.
    indeterminado

C. Transforme o sujeito *indeterminado* em sujeito simples *subentendido (ou implícito)*:

1. Picharam o muro da Av. Mauá.
   [Eu] Pichei o muro da Av. Mauá.

2. Lançaram cartazes de combate à dengue.
   [Nós] Lançamos cartazes de combate à dengue.
3. Optou-se pelo sistema simples na declaração do imposto de renda.
   [Tu] Optaste pelo sistema simples na declaração do IR.
4. Precisa-se de corretores de imóveis.
   [Tu] Precisas de corretores de imóveis.
5. Naquela roda, só se falava de futebol.
   Naquela roda, [nós] só falávamos de futebol.
6. Hoje em dia, lê-se muito pouco.
   Hoje em dia, [nós] lemos muito pouco.

TREINAMENTO IMEDIATO DA P. 37

		Predicado	Núcleo(s)	Classificação
1.	O cineasta foi homenageado.	foi homenageado	homenageado	nominal
2.	O velho cacique passeava soturno diante da cabana.	passeava soturno diante da cabana	passeava, soturno	verbo-nominal
3.	"Não descende o covarde do forte." (G.D.)	não descende do forte	descende	verbal
4.	Olavo já está transferido.	já está transferido	transferido	nominal
5.	Os soldados voltaram abatidos.	voltaram abatidos	voltaram, abatidos	verbo-nominal
6.	"Então, forasteiro, caí prisioneiro de um troço guerreiro." (G.D.)	então, forasteiro, caí prisioneiro	caí, forasteiro, prisioneiro	verbo-nominal
7.	"A história é a mestra da vida." (Cícero)	é a mestra da vida	mestra	nominal
8.	A moça ficou pensativa.	ficou pensativa	pensativa	nominal
9.	O lutador virou uma fera.	virou uma fera	fera	nominal
10.	A chuva caía levemente.	caía levemente	caía	verbal

TREINAMENTO IMEDIATO DAS P. 43-44

1. O girassol e a madressilva enfeitam qualquer jardim.
   qualquer jardim – obj. direto
   verbo transitivo direto (VTD)

2. Isto não agradará ao chefe da seção.
   ao chefe da seção – obj. indireto
   verbo transitivo indireto (VTI)

3. As ideias grandes e generosas enaltecem a inteligência humana.
   a inteligência humana – obj. direto
   verbo transitivo direto (VTD)

4. O Príncipe bradou Independência ou Morte!
   Independência ou Morte – obj. direto
   verbo transitivo direto (VTD)

5. A mim ninguém engana mais.
   A mim – obj. direto preposicionado
   verbo transitivo direto (VTD)

6. Ninguém simpatizava com aquele sujeito.
   com aquele sujeito – obj. indireto
   verbo transitivo indireto (VTI)

7. A maioria dos vestibulandos optou pelos cursos técnicos.
   pelos cursos técnicos – obj. indireto
   verbo transitivo indireto (VTI)

8. Canudos oferecia aos jagunços um último refúgio.
   um último refúgio, aos jagunços – objetos direto e indireto
   verbo transitivo direto e indireto – (VTDI)

9. Os hipócritas, Jesus os condenava.
   Os hipócritas, os – objeto direto pleonástico
   verbo transitivo direto (VTD)

10. Tomamos daquele vinho reservado.
    daquele vinho reservado – obj. direto prep.
    verbo transitivo direto (VTD)

TREINAMENTO IMEDIATO DAS P. 45-46

1. Sei que devo respeitar-...................... (ela). (respeitá-la)
2. A professora observou-........................(ele) em classe. (observou-o)
3. Iludiram-...............................(ele) com falsas promessas. (Iludiram-no)
4. Estas rosas são belas; vou colher-.......(elas). (colhê-las)
5. Mandei-.................................(a você) esta mensagem. (Mandei-lhe)
6. A redação está bem feita; fiz-.............(ela) com alma. (fi-la)
7. Perdoo..................................(a você) de todo coração. (Perdoo-lhe)
8. Este livro foi muito elogiado: comprei-............(ele) ontem. (comprei-o)
9. Esta blusa é linda; vendem-.............(ela) naquela esquina. (vendem-na)
10. Quando precisares do livro, manda buscar-......(ele). (buscá-lo)
11. Devemos reconhecer nossos defeitos, mas o principal é corrigir-........... (eles). (corrigi-los)
12. Dão-........ (elas) de graça a quem......(elas) pedir. (Dão-nas) (quem as)
13. O pai fez-.......... (o filho) reconciliar-se com o irmão. (fê-lo)
14. Nossa mãe é incrível; respeitamos-.......(ela), honramos-.........(ela), obedecemos -.............(a ela) prontamente. (respeitamo-la) (honramo-la) (obedecemos-lhe)
15. Minha avó é muito idosa, por isso fiz-............ (ela) sentar-se um pouco. (fi-la)

EXERCÍCIOS DE FIXAÇÃO DA P. 48

A. Sublinhe os *objetos diretos* com um traço e circule os *objetos indiretos*:
 1. A maquete dava-(nos) uma ideia perfeita do condomínio.
 2. O dinheiro os tornou presunçosos.
 3. Prometo-(vos) um bom emprego.
 4. Sacou da espada e investiu (contra o inimigo.)
 5. Ele enviava, ao mesmo tempo, diversas mensagens (aos seus amigos.)
 6. Os policiais entregaram-no (à justiça.)
 7. Os deputados apresentaram suas reivindicações (ao STF.)
 8. Informamos-(lhe) que o contrato venceu ontem. (= or. sub. subst. obj. direta)
 9. A nós você nunca consultou.
 10. Cada um cumpra com seu dever.
 11. O atleta preparava-se para a luta.
 12. Deus vos leve, defenda e traga.
 13. Não respeitaram a você, nem a ninguém.
 14. A vida, leve-a sempre numa boa!
 15. Não (lhe) obedeço, porque você não (me) obedece.

B. Classifique os verbos destacados nas orações, numerando os parênteses de acordo com a seguinte convenção:
 (1) Verbo intransitivo
 (2) Verbo transitivo direto
 (3) Verbo transitivo indireto
 (4) Verbo transitivo direto e indireto
 (5) Verbo de ligação

 1. Longe do barulho, o poeta *escreve* seus versos. (2)
 2. O desfile das escolas *foi* feérico. (5)
 3. Eu lhes *direi* toda a verdade. (4)
 4. Os jovens *optam* por uma vida mais saudável. (3)
 5. *Aumenta* o uso do plantio direto. (1)

EXERCÍCIOS DE FIXAÇÃO DAS P. 52-54

A. Identifique os *complementos nominais* sublinhando-os:
   1. O ensino deve ser acessível <u>a todos</u>.
   2. O povo está ansioso <u>por dias melhores</u>.
   3. A mulher condenada estava isenta <u>de culpa</u>.
   4. O Senado votou favoravelmente <u>ao interesse do povo</u>.
   5. O velho pajé parecia alheio <u>às coisas do mundo</u>.

B. Construa frases com os nomes abaixo e sublinhe os complementos nominais introduzidos pela preposição entre parênteses:
   1. receio (de). Não tenha receio da <u>crise econômica</u>.
   2. referência (a) ....
   3. suspeito (de) ....
   4. licença (para) ....
   5. contrário (a) ....
   6. descoberta (de) ....
   7. interesse (em) ....
   8. notável (por) ....
   9. antídoto (contra) ....
   10. zelo (por) ....

   Criatividade pessoal

C. Assinale o termo grifado com um traço se for **complemento nominal**; circule se ele for **objeto direto** ou **indireto**:
   1. O Senado concorda (com a Câmara).
   2. A concordância <u>com a Câmara</u> foi decisiva.
   3. Este editor sempre foi cuidadoso <u>com a arte gráfica</u>.
   4. Ele cuidou muito (das ilustrações e das cores).
   5. Henrique está apaixonado <u>por Laura</u>.
   6. Ele, depois, apaixonou-se (pelo emprego).
   7. A candidata obteve (todas as informações).

8. A obtenção *de todas as informações* foi importante.
9. O Congresso optou *pelo voto aberto*.
10. A opção *pelo voto secreto* não é simpática.

D. Transcreva e classifique, nos espaços pontilhados, os termos integrantes (objeto direto, objeto indireto e complemento nominal) das orações abaixo:

1. Os jornais noticiaram a queda dos juros.
   – *a queda dos juros* – objeto direto – completa *noticiaram*.
   – *dos juros* – complemento nominal – completa *queda*.

2. O clube dispõe de bons jogadores.
   – *de bons jogadores* – obj. indireto – completa *dispõe*.

3. O respeito às leis dignifica o cidadão.
   – *às leis* – compl. nominal – completa *respeito*.
   – *o cidadão* – obj. direto – completa *dignifica*.

4. Naquela noite, não havia luar.
   – *luar* – obj. direto – completa *havia*.

5. Tudo espero de ti, meu filho.
   – *Tudo* – obj. direto – completa *espero*.
   – *de ti* – obj. indireto – completa *espero*.

6. Chegou o aviso da devolução do IR.
   – *da devolução do IR* – compl. nominal – completa *aviso*.
   – *do IR* – compl. nominal – completa *devolução*.

7. A falsidade, sempre a condenei.
   – *a* – objeto direto pleonástico – completa *condenei*.
   – *A falsidade* – objeto direto – completa *condenei*.

EXERCÍCIOS DE FIXAÇÃO DAS P. 56-57

A. Sublinhe o *agente da passiva* com um traço e circule o *objeto indireto*:
   1. O condomínio será cercado pela construtora.
   2. O herói foi carregado pela multidão.
   3. O carro do grupo especial era puxado por um trator.
   4. Todos ansiamos (por dias melhores.)
   5. Era elogiado por todos aqueles conferencistas.
   6. Os novos artefatos foram testados pela fábrica.
   7. (Pelas férias) todos esperam.
   8. Serei conduzido por vós (ao honroso cargo.)
   9. São habitadas pelos esquimós as regiões polares.
   10. Por nossos amigos somos muito incentivados.

B. Passe a oração que estiver na *voz ativa* para a *voz passiva*; a que estiver na *passiva*, passe para a *ativa*:
   1. Aquele marceneiro batizou cada tipo de ferramenta.
      Cada tipo de ferramenta foi batizado por aquele marceneiro.
   2. O cão de guarda foi atropelado pelo automóvel.
      O automóvel atropelou o cão de guarda.
   3. O goleador da partida era ovacionado pela torcida.
      A torcida ovacionava o goleador da partida.
   4. No mesmo dia, divulgaram a boa notícia.
      A boa notícia foi divulgada no mesmo dia.
   5. Ele foi convidado por mim.
      Eu o convidei.
   6. A polícia ainda não prendera o criminoso.
      O criminoso não fora preso ainda pela polícia.
   7. Aquele rico apartamento será vendido pela imobiliária.
      A imobiliária venderá aquele rico apartamento.
   8. As autoridades esportivas encerraram os Jogos Olímpicos.
      Os Jogos Olímpicos foram encerrados pelas autoridades esportivas.
   9. Os acrobatas do Circo Soleil foram admirados pelo público infantil.
      O público infantil admirou os acrobatas do Circo Soleil.
   10. A nota jornalística anunciara antecipadamente a nova greve.
      A nova greve fora anunciada antecipadamente pela nota jornalística.

EXERCÍCIOS DE FIXAÇÃO DAS P. 61-62

A. Identifique os *predicativos*, sublinhando-os:

1. O réu está <u>arrependido</u>.
2. A análise sintática parece <u>difícil</u>.
3. A arquiteta continua <u>sem problemas</u>.
4. Meu desejo é <u>que venças na profissão</u>. (oração predicativa)
5. Todos ficamos <u>aliviados</u>.
6. O trânsito permanece <u>caótico</u>.
7. A criança corria <u>indefesa</u>. (verbo *ser* subentendido)
8. É <u>saudável</u> comer alimentos com fibras.
9. Meu sonho é <u>viajar</u>.
10. A lagarta virou <u>borboleta</u>.

B. Transcreva e classifique, nos espaços pontilhados, os predicativos das orações abaixo:

1. Todos consideram excelente o filme.
   excelente – predicativo do objeto direto *filme*.
2. Não se faça de esperto.
   de esperto – predic. do suj. *você*. (implícito)
3. Tragam-no vivo ou morto.
   vivo ou morto – predic. do obj. direto *o*.
4. Os esgrimistas pareciam tranquilos.
   tranquilos – predic. do sujeito *esgrimistas*.
5. A sala foi encontrada em desordem.
   em desordem – predic. do sujeito *sala*.
6. O uso da droga é um suicídio lento.
   suicídio... – predic. do sujeito *uso*.
7. O mágico deixou a plateia estupefata.
   estupefata – predic. do obj. direto *plateia*.

8. Os inimigos chamavam-lhe de traidor.
de traidor – predic. do obj. indireto *lhe*.

9. A juíza declarou o réu inocente.
inocente – predic. do obj. direto *réu*.

10. Todos saíram satisfeitos da reunião.
satisfeitos – predic. do sujeito *todos*.

EXERCÍCIOS DE FIXAÇÃO DA P. 67

A. Sublinhe os *adjuntos adverbiais* com um traço e circule os *objetos indiretos:*
   1. O coordenador precisa (de ti), sem dúvida.
   2. O sucesso do aluno depende (dele mesmo).
   3. <u>Através da neblina,</u> <u>mal</u> se coava a luz do sol.
   4. <u>Perto da nossa casa,</u> <u>do lado de lá da serra,</u> há uma linda manhã.
   5. Meu vizinho fala <u>muito</u> <u>bem</u> o francês.
   6. Dedicou-se, <u>por completo,</u> (à educação da juventude).
   7. Todos gostam (de pratos suculentos).
   8. Os devotos de sempre assistiam (aos ofícios divinos).
   9. A inveja mata <u>lentamente</u> o invejoso.
   10. <u>Hoje</u> saí <u>de casa</u> <u>por último</u>.

B. Classifique os adjuntos adverbiais destacados nas orações abaixo:
   1. Henrique estuda *para o futuro*. adj. adverbial de finalidade
   2. A viagem *com meu pai* foi gratificante. adj. adverbial de companhia
   3. Meu irmão vendeu *mal* sua casa. adj. adverbial de modo
   4. Dirigir *sem pressa* evita acidentes. adj. adverbial de modo
   5. Ele fala e escreve *corretamente*. adj. adverbial de modo
   6. A prova do concurso foi *muito* difícil. adj. adverbial de intensidade
   7. Cheguei de *manhãzinha* no povoado. adj. adverbial de tempo
   8. *Talvez* seu amigo chegue *à tarde*. adj. adverbial de dúvida / de tempo
   9. Este prefeito falou *às claras*. adj. adverbial de modo
   10. Não falo inglês, *tampouco* francês. adj. adverbial de negação

EXERCÍCIOS DE FIXAÇÃO DAS P. 71-72

A. Sublinhe os *adjuntos adnominais* das seguintes orações:
1. Os primeiros anos de vida foram tranquilos.
2. "Um sorriso estúpido passou pelas faces estúpidas de alguns circunstantes." (Alexandre Herculano)
3. "A voz do povo tem alguma coisa de divino." (Bacon)
4. O discurso do deputado foi muito aplaudido.
5. Um aro de esmeraldas prendia seus lindos cabelos louros.
6. Um canteiro com flores foi pisado pelos meninos de rua.
7. A forte pressão da tábua esmagou-te o dedo.
8. Um largo sorriso ilumina-lhe o rosto avermelhado.
9. Aqueles cabelos negros e crespos cobriam-lhe a cabecinha de criança esperta.
10. Três veículos blindados foram detidos pela polícia.

B. Sublinhe com um traço os *adjuntos adnominais* e circule os *complementos nominais*:
1. A visita do padrinho encheu-me o coração de alegria.
2. Recebi de presente dois livros de poemas.
3. A história do Brasil é cheia (de emocionantes episódios).
4. No fundo, ela estava ciente (de tudo).
5. A descoberta (de ouro) no sertão brasileiro trouxe para o Brasil muitas levas de aventureiros portugueses.
6. Adquiri aquela casa de alvenaria.
7. A prova do concurso é passível (de revisão).
8. Hoje, o conserto de um automóvel é caro.
9. Um sorriso de infinita alegria transfigurou-lhe o rosto desbotado.
10. Durante os primeiros trinta minutos, meu time foi líder absoluto.

EXERCÍCIOS DE FIXAÇÃO DAS P. 76-77

A. Sublinhe com um traço os *apostos* e circule os *vocativos*:

1. "(O mar), por que não apagas,
   Com a esponja de tuas vagas,
   Do teu manto este borrão?" (C. Alves)

2. "(Astros!, noites!, tempestades!)
   Rolai das imensidades!
   Varrei os mares,(tufão)!" (Idem)

3. Tu,(Pilatos,) antepuseste a amizade de César à graça de Deus.

4. "Meu canto de morte,(guerreiros,) ouvi!" (Gonçalves Dias)

5. (Homem de pouca fé,) por que deixaste teus filhos sem a luz da ciência?

6. Carlos Gomes, <u>glória da música brasileira</u>, escreveu uma ópera imortal – <u>O Guarani</u>.

7. Fulguras,(ó Brasil,) florão da América..."

8. "(Ó naus felizes) que do mar vago
   Volveis enfim ao silêncio do porto..." (Fernando Pessoa)

9. <u>O Alienista</u>, <u>conto de Machado de Assis</u>, está sendo vertido em História de Quadrinhos.

10. O poema <u>Canção do Exílio</u> foi escrito por Gonçalves Dias.

B. Introduza na oração a expressão que está entre parênteses e que funcione como *aposto*:

1. Meu avô anda muito bem de saúde. (Lucas)
   Meu avô Lucas anda muito bem de saúde.

2. Cantos, músicas, discursos, saudações ocorreram no dia de minha formatura. (tudo)
   Cantos, músicas, discursos, saudações, tudo ocorreu no dia de minha formatura.

3. O trem-bala ligará três cidades brasileiras (Campinas, São Paulo, Rio de Janeiro).
   O trem-bala ligará três cidades brasileiras: Campinas, São Paulo, Rio de Janeiro.
4. Guimarães Rosa retratou a realidade essencial de nosso país. (ícone de engenho e arte).
   Guimarães Rosa, ícone de engenho e arte, retratou a realidade essencial de nosso país.
5. Palmeira dos Índios foi administrada por Graciliano Ramos (cidade alagoana).
   Palmeira dos Índios, cidade alagoana, foi administrada por Graciliano Ramos.
6. Amanhã, não poderei ir à reunião. (domingo)
   Amanhã, domingo, não poderei ir à reunião.
7. Guimarães Rosa dizia que "tudo o que é bom faz mal e bem." (autor de *Tutameia*)
   Guimarães Rosa, autor de Tutameia, dizia que "tudo o que é bom faz mal e bem".
8. O jaguar e o falcão destroem seus inimigos. (senhor das florestas / senhor das nuvens)
   O jaguar, senhor das florestas, e o falcão, senhor das nuvens, destroem seus inimigos.

EXERCÍCIOS DE FIXAÇÃO DAS P. 85-86

A. Classifique, nas linhas pontuadas, as orações coordenadas em negrito nos períodos seguintes:

1. "O covarde nunca tenta, o fracassado nunca termina e **o vencedor nunca desiste.**" (N. V. Peale)
   Oração coordenada sindética aditiva.

2. A escola, foco de luz radiante, ora é cotovia melodiosa, **ora é centelha de revoluções.**
   Oração coordenada sindética alternativa.

3. A fortuna, eu a trago na mente; não a roubarão os ladrões, **nem a levarão as torrentes.**
   Oração coordenada sindética aditiva.

4. Os açorianos, com o seu pioneirismo histórico, povoaram o Porto dos Casais; **tributemos-lhes, portanto, a imorredoura gratidão.**
   Oração coordenada sindética conclusiva.

5. Aperfeiçoemos o nosso idioma, **porque ele é o mais sagrado laço de nossa nacionalidade.**
   Oração coordenada sindética explicativa.

6. Evite os ruidosos e agressivos, **pois eles são sempre um aborrecimento.**
   Oração coordenada sindética explicativa.

7. "O mundo é redondo, **mas está ficando chato.**" (Barão de Itararé)
   Oração coordenada sindética adversativa.

8. O ministro divulgou a ampliação do seguro-desemprego, **todavia não apresentou outras alternativas.**
   Oração coordenada sindética adversativa.

9. De manhã, acordo, **esfrego os olhos,** saio da cama e vou me lavar.
   Oração coordenada assindética.

10. Não corra, **porque a estrada está cheia de buracos.**
    Oração coordenada sindética explicativa.

B. Nas linhas pontuadas, denomine as *orações coordenadas* em destaque.

A criança caiu, **mas não se machucou.** adversativa

Não foram à reunião, **nem se fizeram representar.** aditiva

A estrada **ora passava por montes, ora se alongava pela planície.** alternativa

Ela é muito estudiosa; **deve, portanto, ser recompensada.** conclusiva

Não leia no escuro, **que faz mal à vista.** explicativa

C. Complete os períodos abaixo com uma das conjunções do retângulo. Depois, classifique as orações coordenadas nos parênteses.

Portanto, ora... ora, pois, porém, que, mas, e, ou... ou, todavia, logo

1. Todos colaboraram na campanha, **logo** os objetivos foram alcançados. (*oração coordenada sindética conclusiva*)
2. A poluição da água é alarmante, portanto medidas saneadoras se impõem. (or. coord. sindética conclusiva)
3. Não te lamuries, pois; o pessimismo aumenta os teus males. (or. coord. sindética explicativa)
4. Aguarde, que o futuro lhe trará agradáveis surpresas. (or. coord. sindética explicativa)
5. Ou cuidamos de nosso Planeta, ou morreremos com ele. (or. coord. sindética alternativa)
6. O trem-bala ora passa viadutos, ora atravessa túneis. (or. coord. sindética alternativa)
7. Dou a notícia, e você fica calado? (or. coord. sindética aditiva)
8. Passei no exame do ENEM, todavia não venci na prova do Vestibular. (or. coord. sindética adversativa)
9. Você gosta daquela garota, porém ela não se interessa por você. (or. coord. sindética adversativa)
10. O time jogou bem, mas sofreu uma goleada humilhante. (or. coord. sindética adversativa)

EXERCÍCIOS DE FIXAÇÃO DAS P. 93-94

A. Classifique nos pontilhados as orações subordinadas substantivas grifadas nos períodos abaixo:

1. Tudo depende / *de que aceites a sugestão*. objetiva indireta
2. Todos aspiram / *a que sejas eleito ao cargo*. objetiva indireta
3. É importante / *que nos libertemos economicamente*. subjetiva
4. É verdade / *que a mentira tem pernas curtas*. subjetiva
5. Eu não sabia / *onde era a casa dele*. objetiva direta
6. A notícia *de que foste aprovado* encheu-me de alegria. completiva nominal
7. Ele contou-me / *que perdera de vista todos os colegas da turma*. objetiva direta
8. Parece / *que a solidão alarga os limites*. subjetiva
9. O interessante seria / *que todos preservassem o meio ambiente*. predicativa
10. Só lhe peço uma coisa: / *preserve sua saúde*. apositiva

B. Classifique a oração substantiva destacada em: subjetiva, objetiva direta, objetiva indireta, completiva nominal, predicativa ou apositiva:

1. Sou favorável **a que você concorra**. completiva nominal
2. O problema é **que a gente esquece depressa os benefícios**. predicativa
3. Todos pensaram **que fosse um disco voador**. objetiva direta
4. **Que o técnico treinará a equipe hoje** é certo. subjetiva
5. Lembremo-nos **de que a vitória não depende só de algumas batalhas**. objetiva indireta
6. **Que eu fique até o final do campeonato** é o meu maior desejo. predicativa
7. Dei o prêmio **aos que mais se esforçaram**. objetiva indireta

8. O Papa só fez uma admoestação: **que todos vivam em paz**. apositiva

9. É indispensável **que os bons ajam com decisão**. subjetiva

10. O Presidente determinou **que os gerentes se reunissem à tarde**. objetiva direta

C. Sublinhe as orações substantivas abaixo e classifique-as ao lado em *predicativa* ou *subjetiva*:

1. O certo é que meu time é o melhor. predicativa

2. É preciso que eu sonhe alto. subjetiva

3. Seria melhor se você não viesse. subjetiva

4. Ficou provado que ele não roubou. subjetiva

5. É provável que eu vá à Europa. subjetiva

6. Convém que todos participem do projeto. subjetiva

7. É muito importante que aprendamos bem o nosso idioma. subjetiva

8. O fato é que ela anda muito feliz. predicativa

9. O mais desolador é que todos poluímos a água. predicativa

10. Não sou quem tu imaginas. predicativa

EXERCÍCIOS DE FIXAÇÃO DAS P. 99-100

A. Transforme os *adjetivos* destacados em *orações subordinadas adjetivas*:

1. A poluição é um fenômeno *prejudicial* à saúde.
A poluição é um fenômeno que prejudica a saúde.

2. As pessoas *mentirosas* não são dignas de confiança.
As pessoas que mentem não são dignas de confiança.

3. O povo anseia por eventos *alegres*.
O povo anseia por eventos onde haja alegria. [que alegrem]

4. O parlamentar proferiu um discurso *convincente*.
O parlamentar proferiu um discurso que convenceu a todos.

5. Tomaste uma atitude *surpreendente*.
Tomaste uma atitude que me surpreendeu.

B. Sublinhe as orações *adjetivas explicativas* com um traço e circule as *restritivas*:

1. Conheço o local onde se enterrou o tesouro.
2. Há fatos cuja recordação nos alegra.
3. Todos quantos o viram gostaram dele.
4. Língua extinta é aquela de cuja existência não possuímos prova.
5. O mar, que é generoso, às vezes é cruel.

C. Classifique as orações *adjetivas* e *substantivas* que aparecem em negrito:

1. Ama com fé e orgulho a terra **em que nasceste**. adj. restritiva
2. É justo **que reclames dentro de teus direitos**. subst. subjetiva
3. O lírio, **que é branco**, simboliza a pureza da alma. adj. explicativa
4. É certo **que nem sempre acertamos**. subst. subjetiva
5. "A Justiça **que corrige ou castiga** deve ser inspirada pela Bondade **que nobilita e eleva**." (Malba Tahan) adj. restritivas

6. "Para que alguém seja realmente feliz, é necessário **que esteja feliz consigo mesmo**." (Alfredo Valdés) subst. subjetiva

7. Uma coisa lhe garanto: **a mim não enganam mais**. subst. apositiva

8. Guarda-te do homem **que não fala** e do cão **que não ladra**. adj. restritivas

9. A casa **onde meu amigo mora** é modesta, mas aconchegante. adj. restritiva

10. A coruja, **que é ave noturna**, enxerga no escuro. adj. explicativa

EXERCÍCIO DE FIXAÇÃO DA P. 104

As orações grifadas são todas *subordinadas adverbiais*. Classifique-as segundo o modelo:

1. Lerei este romance *porque ele representa o drama da vida*.
   Causal
2. *Embora a polícia vigiasse*, o tráfico passou a fronteira.
   Concessiva
3. Tudo transcorreu bem, *segundo haviam sido nossas previsões*.
   Conformativa
4. *À medida que o tempo passa*, as nossas ilusões desaparecem.
   Proporcional
5. Os indiferentes são piores *do que os maus (o são)*.
   Comparativa
6. *Contanto que o trabalho avance*, podem conversar.
   Condicional
7. "Pobre, *quando mete a mão no bolso*, só tira os cinco dedos." (A. Torelly)
   Temporal
8. Tal era seu pavor *que fugia da própria sombra*.
   Consecutiva
9. *Mesmo que fosse muito abastado*, não deixava de ajudar os pobres.
   Concessiva
10. *Para teres um futuro promissor*, viva o presente com ardor.
    Final

EXERCÍCIOS DE FIXAÇÃO DAS P. 106-108

A. Classifique as orações grifadas, utilizando o seguinte código:

(1) oração coordenada assindética; (2) oração coordenada sindética; (3) oração principal; (4) oração subordinada substantiva; (5) oração subordinada adjetiva; (6) oração subordinada adverbial; (7) oração subordinada reduzida.

a. (2) "Anseio ardentemente aliviar o mal, *mas não posso* e também sofro." (Bertrand Russell)
b. (6) "*Quando leio o Evangelho*, cada palavra parece-me uma luz e dá-me consolação." (Lacordaire)
c. (1) "Escorrega-se no sangue, *tropeça-se sobre cadáveres*, mas a luta continua ardorosamente acesa." (Visconde de Ouro Preto)
d. (3) "*Todos nascemos* para morrer, e todos morremos para ressuscitar." (Vieira)
e. (6) *Para se vingar*, chegava atrasado no emprego.
f. (6) *Quando viajava sozinho*, contemplava melhor as paisagens.
g. (5) O juiz, *que espumava de raiva*, expulsou o jogador.
h. (7) Jamal, não *encontrando mais sua Letika*, ficou triste.
i. (7) *Ao dirigir* não beba, nem coma demais.
j. (6) *Porque transformou a crise em oportunidade*, a empresa ampliou seus quadros.

B. Transforme em reduzidas as subordinadas desenvolvidas grifadas:

1. *Como meu tio estava doente*, fui visitá-lo.
   Por meu tio estar doente, fui visitá-lo.

2. *Logo que o terremoto parou*, os voluntários iniciaram as buscas.
   Ao parar o terremoto, os voluntários iniciaram as buscas.

3. *Depois que fez a prova*, ficou mais tranquilo.
   Feita a prova, ficou mais tranquilo.

4. No pomar, vimos frutas *que caíam de maduras*.
   No pomar, vimos frutas caindo de maduras.

5. As desculpas *que o acusado apresentou* não convenceram os jurados.
   As desculpas apresentadas pelo acusado não convenceram os jurados.

C. Desdobre as orações reduzidas em desenvolvidas e, depois, classifique-as de acordo com o sentido dos conectivos:

1. *Resistindo às tentações,* tu te tornarás forte.
   Se resistires às tentações,
   Or. sub. reduzida do gerúndio, adverbial condicional

2. *Alegando dor de cabeça,* recusou-se a dançar com a jovem.
   Como estivesse com dor de cabeça,
   Or. subst. reduz. do gerúndio, adv. causal

3. É impossível *atendermos todos os pedidos.*
   Que todos os pedidos sejam atendidos.
   Or. sub. reduz. do infinitivo, subst. subjetiva

4. *Feitos os preparativos,* pusemo-nos em marcha.
   Depois que fizemos os preparativos, pusemo-nos em marcha.
   Or. sub. reduz. do particípio, adverbial temporal

5. O pai aconselhou o filho *a tentar a sorte na Austrália.*
   O pai aconselhou o filho a que tentasse a sorte na Austrália.
   Or. sub. reduz. do infinitivo, subst. objetiva indireta

6. *Buscando com perseverança,* alcançarás o sucesso.
   Se buscares com perseverança, alcançarás o sucesso.
   Or. sub. reduz. do gerúndio, adverbial condicional

7. *Feita a partilha,* o filho tomou a palavra.
   Depois que a partilha foi feita, o filho tomou a palavra.
   Or. sub. reduz. do particípio, adverbial temporal

8. Tenho receio *de não encontrares lugar para o espetáculo.*
   Tenho receio de que não encontres lugar para o espetáculo.
   Or. sub. reduz. do infinitivo, substantiva completiva nominal

Gabarito dos testes de revisão

I. ANÁLISE SINTÁTICA (P. 125-130)

1. c   2. b   3. d   4. a   5. a   6. d   7. b   8. c   9. e   10. d
11. c   12. c   13. b   14. b   15. d   16. a   17. b   18. a   19. b   20. d

II. CONCORDÂNCIA VERBAL (P. 130-134)

1. e   2. c   3. c   4. c   5. e   6. c   7. c   8. e   9. b   10. a

III. CONCORDÂNCIA NOMINAL (P. 134-135)

1. e   2. c   3. a   4. a   5. b

IV. REGÊNCIA E CRASE (P. 135-138)

1. a   2. a   3. b   4. a   5. e   6. b   7. b   8. c   9. d   10. a

V. PONTUAÇÃO (P. 138-142)

1. a   2. a   3. e   4. a   5. e   6. b   7. c   8. a   9. c   10. a

VI. COLOCAÇÃO DO PRONOME OBLÍQUO (P. 142-143)

1. b   2. b   3. c   4. e   5. d

Bibliografia

ACADEMIA BRASILEIRA DE LETRAS. *Vocabulário ortográfico da língua portuguesa.* 5.ed. São Paulo: Global, 2009.
ALMEIDA, Napoleão Mendes de. *Dicionário de questões vernáculas.* 3.ed. São Paulo: Editora Ática, 1996.
_____. *Gramática metódica da língua portuguesa.* 46.ed. São Paulo: Saraiva, 2008.
ALMEIDA, Nilson Teixeira. *Gramática completa para concursos e vestibulares.* São Paulo: Saraiva, 2007.
BECHARA, Evanildo. *Lições de português pela análise sintática.* 9.ed. Rio de Janeiro: Fundo de Cultura, 1970.
BENVENISTE, Émile. *Problemas de linguística geral.* Trad. Maria da Glória Novak e Luiza Neri. São Paulo: EDUSP, 1989.
CADORE, Luiz Agostinho. *Curso prático de português.* 15.ed. São Paulo: Editora Ática, 2000.
_____. *Pontos práticos de português.* São Paulo: Editora FTD, 1990.
CEGALLA, Domingos Paschoal. *Novíssima gramática da língua portuguesa.* 46.ed. São Paulo: Companhia Editora Nacional, 2005.
CIPRO NETO, Pasquale. *Português passo a passo com Pasquale Cipro Neto.* Barueri, SP: Gold Editora, 2007, vols. 3, 5, 6, 8.
CUNHA, Celso; CINTRA, Lindley. *Nova gramática do português contemporâneo.* 3.ed. São Paulo: Nova Fronteira, 2001.
HOUAISS, Antônio. *Dicionário Houaiss da língua portuguesa.* Rio de Janeiro: Objetiva, 2001.
KORITOWSKI, Ivo. *Português prático*: um jeito original de tirar suas dúvidas de português. Rio de Janeiro: Elsevier, 2004.
KURY, Adriano da Gama. *Novas lições de análise sintática.* 3.ed. São Paulo: Ática, 1987.
LEDUR, Paulo Flávio. *Português prático.* 15.ed. Porto Alegre: AGE Editora, 2016.

_____. *Guia prático da nova ortografia*: as mudanças do Acordo Ortográfico. 11.ed. Porto Alegre: AGE Editora, 2015.

LUFT, Celso Pedro. *Gramática resumida*. 3.ed. Porto Alegre: Globo, 1976.

_____. *A vírgula*: considerações sobre o seu ensino e o seu emprego. São Paulo: Ática, 1996.

MESQUITA, Roberto Melo. *Gramática da língua portuguesa*. 7.ed. São Paulo: Saraiva, 1998.

MORENO, Cláudio. *Guia prático do português correto*: para gostar de aprender, vol. 3 – sintaxe. Porto Alegre: L&PM, 2003.

NASCENTES, Antenor. *Dificuldades de análise sintática*. Rio de Janeiro: Francisco Alves, 1960.

SACCONI, Luiz Antonio. *Tudo sobre português prático*. 2.ed. São Paulo: Escala Educacional, [s.d.]

SAUTCHUK, Inez. *Prática de morfossintaxe*: como e por que aprender análise (morfo)sintática. Barueri, SP: Manole, 2004.